DICAS PARA

ENRIQUECER com Rockefeller

Os direitos desta edição pertencem à
Editora Pé da Letra
Rua Coimbra, 255 - Jd. Colibri - Cotia, SP, Brasil
Tel.(11) 3733-0404
vendas@editorapedaletra.com.br / www.editorapedaletra.com.br

Esse livro foi elaborado e produzido pelo Sr. Aranda Estúdio:
Coordenação Fabiano Flaminio
Autor Antônio Misse
Capa, Projeto Gráfico e Diagramação Adriana Oshiro
Revisão Cristina Favaro

Impresso no Brasil, 2023

Dados Internacionais de Catalogação na Publicação (CIP)
Câmara Brasileira do Livro, SP, Brasil
Angélica Ilacqua CRB-8/7057

Misse, Antônio
Dicas para enriquecer com Rockefeller : o homem mais rico da história moderna / James A. Misse. – 1. ed. – Cotia, SP : Pé da Letra, 2023.
200 p. : il.; 16 x 23 cm

ISBN: 978-65-5888-744-7

1. Rockfeller, John D., 1839-1937 – Biografia 2. Negócios 3. Riqueza I. Título

23-1808 CDD 920.9

Índices para catálogo sistemático:
1. Rockfeller, John D., 1839-1937 – Biografia

CRÉDITOS DAS IMAGENS: *HarvestedSpiritualMind/Wikimedia Commons:* 11. *Wikimedia Commons:* 12. *Reprodução:* 24; 34; 44; 58; 102; 138; 175; 176; 198; 199. *Excel23/Wikimedia Commons:* 47. *Biblioteca do Congresso dos Estados Unidos/Wikimedia Commons* 120; 144; 200. *AmericanPress Association/ Wikimedia Commons:* 162. *Biblioteca Pública de Cleveland/Wikimedia Commons:* 197. Demais elementos: *Freepik e Pixabay*

DICAS PARA ENRIQUECER Rockefeller

O homem mais rico da história moderna

Antônio Misse

PÉ da letra

Índice

Introdução

John D. Rockefeller foi um dos homens de negócios mais influentes do século XIX. Foi um industrial e filantropo americano que fundou a Standard Oil Company, a maior corporação de produção, refino e transporte de petróleo dos Estados Unidos entre os anos 1870 e 1911. Rockefeller nasceu em 1839 e cresceu numa era de grande industrialização nos Estados Unidos. Ele começou a carreira empresarial como assistente de contabilista e acabou por se tornar um dos homens de negócios de maior sucesso no país.

Rockefeller usou a riqueza que acumulou e a influência que adquiriu para se tornar o primeiro bilionário do mundo. Sua perspicácia empresarial e tácticas competitivas implacáveis fizeram dele um dos homens de negócios mais temidos e respeitados da época. Ele era conhecido pelos negócios astutos e pela capacidade de construir parcerias com outras figuras poderosas do mundo empresarial. Também ficou conhecido pelo trabalho filantrópico e de caridade que exerceu, doando milhões de dólares a numerosas causas ao longo da sua vida.

O império construído por Rockefeller não é resultado apenas de sua perspicácia empresarial, mas também de sua vontade de assumir riscos. Os seus investimentos variavam de pequenas empresas locais a grandes negócios nacionais e ele estava constantemente disposto a aceitar desafios e a tomar decisões corajosas a fim de maximizar os lucros.

Rockefeller foi um homem de negócios icônico cuja influência ainda hoje se faz sentir. Foi um líder na industrialização dos Estados Unidos e seu sucesso empresarial permitiu-lhe tornar-se uma das figuras mais poderosas do mundo. Foi um homem de negócios que mudou o curso da história americana. Se vivesse hoje em dia, Rockefeller seria mais rico do que Jeff Bezos (fundador da Amazon) e Elon Musk (fundador da Tesla) juntos.

Inspiração para muitos estudiosos, Rockefeller foi e ainda é fonte de pesquisa de muitos filósofos e aspirantes ao empreendedorismo. Entre os que dedicaram tempo à história de John D. Rockefeller destaca-se o escritor americano Napoleon Hill, autor de diversas obras a respeito do poder da mente e da fonte da riqueza. Hill conviveu e estudou inúmeras pessoas bem-sucedidas, tentando entender porque algumas tinham sucesso e outras não.

A relação entre Napoleon Hill e John D. Rockefeller começou em 1908, quando Hill foi convidado para entrevistar Rockefeller para um artigo que estava escrevendo para a revista "Success Magazine". Na época, Rockefeller era o homem mais rico do mundo e Hill estava interessado em descobrir os segredos de seu sucesso.

Durante a entrevista, Rockefeller ficou impressionado com o conhecimento e a inteligência de Hill e ofereceu-lhe um emprego como seu assistente pessoal. Hill aceitou a oferta e trabalhou para Rockefeller por alguns anos, aprendendo muito sobre negócios, finanças e liderança durante esse período.

Napoleon Hill.

Em 1928, Hill publicou seu livro "A Lei do Triunfo", que se tornou um best-seller instantâneo. O livro foi baseado em suas experiências trabalhando para Rockefeller e outros líderes de negócios bem-sucedidos, e apresentou uma filosofia de sucesso baseada em princípios como autoconfiança, planejamento, perseverança e trabalho em equipe.

Rockefeller ficou tão impressionado com o livro que se tornou um dos principais patrocinadores de Hill e o encorajou a continuar escrevendo e ensinando suas ideias sobre sucesso e liderança. Hill dedicou muitos anos de sua vida a esse trabalho, escrevendo vários outros livros e dando palestras em todo o país.

A relação entre Hill e Rockefeller foi uma das mais influentes e duradouras da história do desenvolvimento pessoal e da autoajuda. Hill creditou muito de seu sucesso ao aprendizado que recebeu enquanto trabalhava para Rockefeller e sempre o considerou um mentor e amigo próximo.

Quem foi Rockefeller?

John D. Rockefeller nasceu no dia 8 de julho de 1839, em Richford, Nova York. Filho de William Avery Rockefeller e Eliza Davison, o empresário começou sua carreira vendendo doces quando ainda era uma criança. Depois, ele trabalhou como assistente de contador e, mais tarde, como comerciante de produtos agrícolas antes de entrar para o ramo do petróleo.

Respectivamente, Elisa Davison Rockefeller, mãe de John, e William Avery Rockefeller, pai de John.

Dificuldades iniciais

Rockefeller teve uma infância pobre e, como muitos outros garotos, começou a trabalhar bem cedo para ajudar no sustento da família. Sendo o segundo de seis filhos de William, um conhecido vigarista, e Eliza, uma dona de casa, ainda pequeno, John vendia doces para outras crianças na escola, porém, o que o diferenciava era uma visão empreendedora como a de poucos: John trabalhava duro e guardava parte do dinheiro que ganhava para investir no próprio aprendizado. Ele usava essa renda para visitar cafés onde observava e ouvia as pessoas ricas da cidade em suas conversas rotineiras.

Após um problema envolvendo o pai de John e a polícia, Elisa e os filhos tiveram que sair da cidade e acabaram se mudando para Cleveland, Ohio. A economia do local era baseada na manufatura e vestuário, mas a cidade também era conhecida pelas vastas reservas de petróleo.

Aos 16 anos, John fez um curso na área de contabilidade no Folsom Mercantile College e perambulou pelas ruas de Cleveland à procura de seu primeiro emprego formal, mas era considerado muito jovem pelos empregadores. Porém, essa história mudaria no dia 26 de setembro de 1855, quando, finalmente, Rockefeller conseguiu ser contratado como auxiliar de contabilidade numa pequena firma de produtos agrícolas chamada Hewitt & Tuttle, e começou o que seria uma das trajetórias de empreendedorismo mais incríveis de todos os tempos.

Ao entrar no mercado do petróleo, Rockefeller usou suas habilidades empresariais para consolidar uma indústria fragmentada e criar uma empresa integrada verticalmente, que controlava todos os aspectos da produção, transporte e venda de petróleo. Ele também inovou no marketing e distribuição de petróleo, criando uma rede de estações de serviço e investindo em publicidade para promover a marca Standard Oil.

"Sempre procurei transformar os desastres em oportunidades".

No entanto, a Standard Oil e seu fundador foram alvo de críticas por práticas monopolísticas que levaram à sua divisão pelo governo em 1911. Apesar disso, o legado de Rockefeller como empreendedor é inegável, e ele é lembrado como um pioneiro do empreendedorismo americano e um dos homens mais ricos da história.

Os irmãos de Rockefeller

John D. Rockefeller teve cinco irmãos: William, Frank, Lucy, Mary e Frances. Cada um deles seguiu caminhos diferentes em suas vidas.

• *William Avery Rockefeller, o irmão mais velho de John D. Rockefeller, foi um empresário, investidor e inventor. Ele foi o co-fundador da Standard Oil Company junto com John D. Rockefeller e também investiu em outras empresas, incluindo as ferroviárias.*

• *Frank Rockefeller também foi um empresário. Ele foi um dos primeiros investidores da Standard Oil Company e, mais tarde, investiu em outras empresas, incluindo as ferroviárias e de mineração.*

• *Lucy Rockefeller, irmã de John D. Rockefeller, casou-se com um empresário chamado William G. Proctor, que mais tarde se tornou co-fundador da Procter & Gamble, uma grande empresa de bens de consumo.*

• *Mary Rockefeller, outra irmã de John D. Rockefeller, casou-se com um médico e teve uma vida tranquila e familiar.*

• *Frances Rockefeller, a irmã mais nova de John D. Rockefeller, também se casou e teve uma vida familiar tranquila.*

Hábito 1

Não seja escravo do dinheiro, faça-o trabalhar por você

Mesmo sendo muito jovem e enfrentando difíceis condições financeiras, Rockefeller conseguia poupar parte do dinheiro que ganhava vendendo doces. Os produtos que ele comercializava eram feitos por sua mãe, Elisa, e permitiam que John tivesse uma boa margem de lucro, fazendo com que a produção fosse crescente. A atividade simples foi a responsável pela iniciação do jovem Rockefeller no mundo dos negócios e pelos primeiros aprendizados sobre vendas, negociação e lucro.

A disciplina e a organização do garoto eram tão espantosas que, mesmo dando grande parte do dinheiro que conseguia à mãe, para ajudar no sustento da família, aos 12 anos de idade John havia juntado cerca de U$S 50,00. Para se ter uma ideia das habilidades de Rockefeller com o dinheiro, os salários pagos na época, em média, eram de U$S 4,00.

Com seus U$S 50,00, John começou a emprestar dinheiro aos amigos e fazendeiros vizinhos, cobrando juros de 7% ao ano sobre a quantia emprestada, fazendo o dinheiro trabalhar a seu favor. Além de determinado e organizado, Rockefeller também era um excelente cobrador, não deixando passar nenhum centavo que lhe era devido.

Esse hábito deu a ele a habilidade de criar riquezas substanciais. Rockefeller acreditava que, ao invés de se preocupar exclusivamente em ganhar mais dinheiro, é preciso pensar em como fazer o dinheiro trabalhar para você. Ele entendia que o dinheiro deveria ser usado como uma ferramenta para atingir seus objetivos e não como um fim em si mesmo.

O hábito de não ser escravo do dinheiro, mas fazê-lo trabalhar por você, foi uma das principais razões do sucesso de John D. Rockefeller. Ele entendia que o dinheiro deveria ser usado como uma ferramenta para atingir seus objetivos, mas sem se deixar dominar por ele. Rockefeller foi capaz de criar riquezas importantes, mas sem sacrificar sua qualidade de vida e seus valores pessoais.

Hábito 2

Aproveite as oportunidades

Rockefeller tinha em mente que as oportunidades não aparecem a todo momento, por isso, ele deveria estar sempre atento a qualquer uma delas. Ele assegurava-se de estar preparado para qualquer situação e de ter um plano de ação pronto a fim de maximizar o potencial das oportunidades. Ele era muito meticuloso na sua abordagem e compreendia que o timing era fundamental para o sucesso dos negócios. Se via uma oportunidade, assegurava-se de atuar o mais cedo possível para aproveitá-la.

John era apaixonado por música e matemática, porém, depois de sair da Central High School, ele decidiu fazer um curso básico de contabilidade por 10 semanas no Folsom Mercantile College. Quando finalmente conseguiu um emprego formal como assistente de contabilidade na Hewitt & Tuttle, uma empresa que vendia produtos agrícolas, John recebia U$S 0,50 por dia de trabalho e, mesmo assim, era capaz de poupar.

A oportunidade na Hewitt & Tuttle só se concretizou depois que John mostrou aos donos da empresa que eles poderiam economizar dinheiro e lucrar mais se tivessem um contador dedicado à empresa. A conquista foi tão marcante e tão valorizada por John que, a partir de então, ele passou a comemorar a data 26 de setembro, dia de sua contratação, como o dia do trabalho.

"Todo o meu futuro parecia depender daquele dia".

Dedicação

Desde então, o jovem passava as horas de trabalho analisando minuciosamente todos os números referentes à empresa e buscando uma forma de ajudar os proprietários a poupar cada vez mais. Essa dedicação fez com que a Hewitt & Tuttle se tornasse ainda mais lucrativa e os talentos de Rockefeller ganhassem visibilidade. Ainda muito jovem, dada a credibilidade que havia conquistado, John conseguiu um empréstimo em um banco, algo muito difícil para a época e para a pouca idade que tinha.

John D. Rockefeller na juventude.

"Tente sempre transformar qualquer tragédia em uma nova oportunidade".

Nos anos seguintes, Rockefeller levou uma vida sem luxos, pois seu principal objetivo era tornar-se um homem de negócios. Além da simplicidade, ele tinha o costume de anotar todos os ganhos e gastos em uma caderneta de bolso, hábito que o acompanhou ao longo de sua vida, mesmo depois de ele ter se tornado um grande empresário e milionário do ramo do petróleo.

Hábito 3

Não tenha medo de desistir do bom para conquistar o ótimo

John D. Rockefeller foi um dos homens mais ricos e bem-sucedidos do mundo, tendo acumulado uma fortuna através da sua empresa petrolífera, a Standard Oil Company. Ele é famoso por muitas frases inspiradoras, mas uma das mais conhecidas é "não tenha medo de desistir do bom para conquistar o ótimo". Este hábito, que é uma lição valiosa para os empreendedores e líderes, tem implicações profundas em como podemos alcançar nossos objetivos e viver nossas vidas.

O hábito de desistir do bom para conquistar o ótimo é baseado na ideia de que, muitas vezes, as coisas boas que temos em nossas vidas podem ser obstáculos para alcançarmos as grandes conquistas que desejamos. Isso pode se aplicar tanto à nossa vida pessoal quanto profissional. Em termos profissionais, pode ser fácil se contentar com um trabalho decente e um salário razoável em vez de trabalhar duro e tomar riscos para construir uma carreira de sucesso.

Uma das principais razões pelas quais as pessoas não desistem do bom para conquistar o ótimo é o medo do desconhecido. É natural sentir-se confortável com o que é conhecido e seguro, mas se você quer alcançar grandes coisas na vida, é importante estar disposto a assumir riscos e enfrentar o desconhecido. Se você nunca se permitir sair da sua zona de conforto, nunca saberá do que é capaz.

Desistir do bom para conquistar o ótimo requer autoconhecimento e autocontrole. É importante ter uma visão clara do que se quer alcançar e estar disposto a fazer os sacrifícios necessários para atingir esse objetivo. É preciso renunciar a coisas que não são tão importantes, como assistir à TV, gastar tempo em redes sociais ou outras atividades que não contribuem para o sucesso.

Outro aspecto importante desse hábito é a disciplina. Para alcançar grandes coisas na vida, é preciso ser disciplinado e manter o foco no que é realmente importante. Isso significa estabelecer metas claras e trabalhar duro para alcançá-las, mesmo que isso signifique sacrificar coisas boas na vida.

Desistir do bom para conquistar o ótimo também envolve saber quando é hora de mudar de direção. Às vezes, perseguimos objetivos que não fazem mais sentido ou não nos levam aonde queremos chegar. Nesses casos, é importante ser capaz de reconhecer quando é hora de mudar de direção e começar algo novo, mesmo que a partir do zero.

Assuma responsabilidades

Um aspecto importante da teoria de trocar o bom pelo ótimo é a capacidade de assumir responsabilidade por suas escolhas e ações. Se você quer alcançar grandes coisas na vida, precisa ser responsável por

Desistir do bom para conquistar o ótimo envolve aprender a priorizar. Não é possível fazer tudo ao mesmo tempo, então, é importante identificar as coisas mais urgentes em sua vida e concentrar esforços nelas. Isso significa dizer não a outras coisas que podem ser boas, mas não tão importantes.

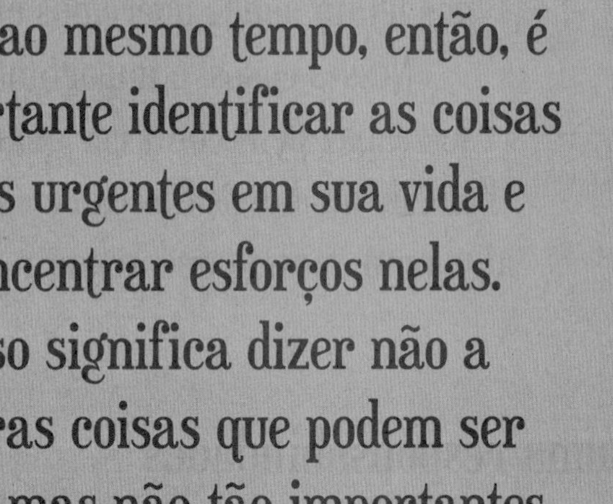

suas escolhas e não culpar os outros por seus fracassos. Isso significa ser honesto consigo mesmo.

E foi assim que Rockefeller fez. Ele dedicava longas horas ao trabalho na Hewitt & Tuttle, aprendendo com maestria os cálculos financeiros, especificamente, os de custos de transporte, que seriam extremamente importantes aos futuros negócios.

Dois anos se passaram e, aos 18, John Rockefeller percebeu que era o momento de abrir o próprio negócio. Após uma discussão com seu primeiro patrão, alegando que seu salário era muito baixo, Rockefeller decidiu, definitivamente, partir para o empreendedorismo.

"Esse é o dia que determinará a minha carreira".

Decidido, ele juntou as economias e fez um empréstimo em um banco para tornar-se o próprio patrão. Assim, com US$ 4 mil, ele e o sócio Maurice B. Clark abriram um atacado de mercadorias que comprava e revendia, principalmente, alimentos em Cleveland.

Maurice B. Clark, primeiro sócio de Rockefeller.

Hábito 4

O sucesso vem de manter os ouvidos abertos e a boca fechada

Com o passar dos anos, a cidade de Cleveland tornou-se um ponto conhecido pela escavação de poços de petróleo e Rockefeller decidiu que faria parte deste mercado. No entanto, ele percebeu que perfurar o solo em busca de petróleo era uma atividade muito arriscada e decidiu que atuaria apenas no refino do produto e não na perfuração dos poços.

Logo, uma linha ferroviária ligaria a cidade aos campos de petróleo e Rockefeller, o químico autodidata Samuel Andrews e dois irmãos de Maurice Clark construíram uma refinaria bem ao lado dela. Eles foram os primeiros a produzir querosene e utilizavam a linha férrea para distribuir o produto pelo país. Nessa época, as linhas férreas eram particulares e havia uma grande demanda pelo querosene porque as pessoas utilizavam o produto para alimentar as lamparinas domésticas. Até então, o combustível usado para acendê-las era o óleo de baleia, que já estava se tornando escasso. Nesse cenário, houve, também, um crescimento das ferrovias, aumentando a procura por petróleo.

Em 1865, Rockefeller comprou a parte dos irmãos Clark na refinaria por US$ 72,5 mil e estabeleceu a firma Rockefeller & Andrews.

As aquisições de refinarias menores aconteciam a uma velocidade incrível e, em 1870, os sócios fundaram a Standard Oil Company, revolucionando a indústria petrolífera. Como o querosene estava em alta, a riqueza deles cresceu e Rockefeller se tornou o homem mais rico do mundo e o primeiro americano a ter mais de um bilhão de dólares.

Sam Andrews vendeu sua parte da empresa a Rockefeller em 1874 e, em 1880, a Standard Oil controlava 90% da produção de petróleo nos EUA, feito que nenhuma outra companhia seria capaz de igualar.

“Seu bem-estar depende de suas próprias decisões”.

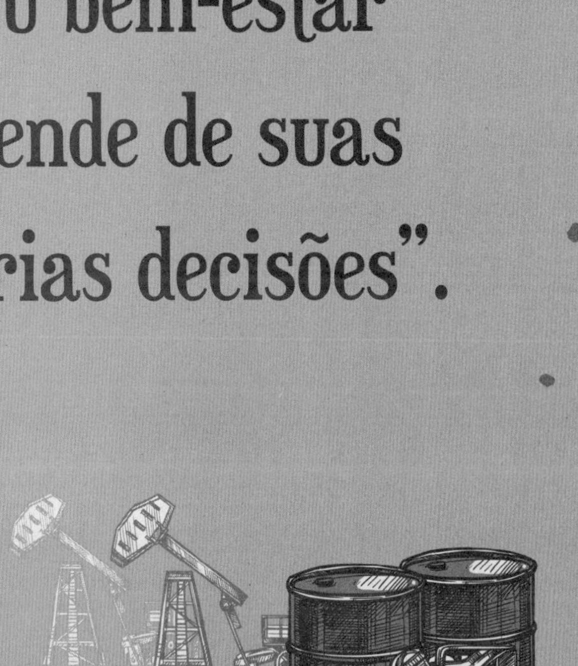

Hábito 5

Invista quando há sangue nas ruas

A famosa frase de John D. Rockefeller, "invista enquanto há sangue nas ruas", é frequentemente usada como um lembrete para os investidores de que é preciso ter coragem para alcançar os seus objetivos. Essa frase significa que, mesmo durante os tempos difíceis, é possível aproveitar oportunidades energicamente. Significa procurar entender o contexto de curto e longo prazo e ver oportunidades que são invisíveis para a maioria.

> "Sempre que há uma crise,
> há uma demanda, cabe a você
> identificar o que é e, então, investir
> em empresas desse ramo".

Com esse pensamento, Rockefeller queria mostrar aos investidores que eles deveriam considerar a volatilidade de mercado como uma oportunidade para adquirir ativos, pois isso significa preços mais baixos do que o esperado.

Durante a segunda metade do século XIX, os Estados Unidos enfrentaram uma guerra civil sangrenta, a Guerra da Secessão (1861-1865), em que a União e os estados Confederados (do sul do país) enfrentaram-se por conta de um movimento separatista motivado por divergências a respeito da abolição da escravidão. Combates intensos durante os quatro anos de conflito mataram

Cenas da Guerra Civil americana.

"O segredo do sucesso é fazer as coisas comuns incomumente bem".

mais 600 mil pessoas, o maior número de baixas militares dos Estados Unidos entre todas as outras guerras combinadas em que o país já se envolveu.

No entanto, apesar do caos provocado pelo conflito, Rockefeller identificou que havia uma grande demanda pelo petróleo no país e aproveitou a oportunidade para fazer mais dinheiro.

Enquanto a maioria da população estava preocupada em poupar recursos por medo da escassez decorrente da Guerra, o jovem empresário decidiu que era o momento de se dedicar ainda mais aos negócios e investir no petróleo e seus derivados.

Ao final da Guerra de Secessão, os estados do Norte, os abolicionistas, viram-se vitoriosos e isso significou, também, uma vitória do modelo econômico industrial sobre o agrário. A derrota fez os estados sulistas mergulharem em uma severa recessão, enquanto o norte do país vivia a expansão da produção industrial.

No período pós-guerra, os estados do Norte consolidaram seu modelo de economia capitalista, expandiram as linhas de trem e telégrafo e, consequentemente, as possibilidades de Rockefeller fazer a refinaria crescer se tornaram mais concretas.

Em sentido horário, mais momentos da Guerra de Secessão: Batalha de Gettysburg, capitão da União John C. Tidball junto com a artilharia, prisioneiros Confederados, couraçado casamata USS Atlanta, ruínas de Richmond, Virgínia, Batalha de Franklin (1864).

Hábito 6

Uma amizade criada nos negócios é melhor do que negócios criados nas amizades

Rockefeller acreditava que investir tempo e energia em estabelecer e manter relacionamentos de confiança com parceiros de negócios era crucial para construir uma rede forte e duradoura de contatos e clientes. Ele também entendia que a lealdade, a integridade e a honestidade eram valores fundamentais para manter relações comerciais de longo prazo.

Baseado nesse pensamento, Rockefeller aproveitava as boas relações em seu dia a dia. Nessa época, toda a produção do querosene da refinaria de Rockefeller era escoada por trens e o empresário era habituado a fazer acordos individuais com cada um dos donos das linhas férreas para executar essa tarefa. Ele acreditava que o bom relacionamento era um dos segredos do sucesso e que deveria associar-se a pessoas com pensamentos semelhantes aos seus, para que, assim, todos pudessem prosperar.

No entanto, depois de um certo período de bons negócios, os donos das ferrovias uniram-se para aumentar e tabelar os valores dos fretes que seriam cobrados de Rockefeller, prática que hoje em dia é conhecida como cartel, algo ilegal. Com essa estratégia, os donos das linhas férreas esperavam surpreender e fazer de Rockefeller um refém nas negociações pelos transportes. Porém, o jovem empreendedor soube dar a volta por cima e, contando com a ajuda de seus funcionários e das boas relações para inovar mais uma vez, ficou ainda mais poderoso.

Sua abordagem serviu como exemplo para muitos empresários e empreendedores que buscam estabelecer relações comerciais duradouras e bem-sucedidas. Aqui estão algumas razões pelas quais Rockefeller valorizava tanto as amizades:

- **APOIO EMOCIONAL:** Os empreendedores, muitas vezes, enfrentam desafios e incertezas. Ter amigos que os apoiem emocionalmente ajuda a aliviar o estresse e a ansiedade.

- **REDE DE CONTATOS:** As amizades fornecem uma rede de contatos valiosos para os empreendedores. Amigos podem apresentar os empreendedores a outras pessoas influentes e ajudá-los a expandir suas redes de negócios.

- **APRENDIZADO CONJUNTO:** Amigos empreendedores compartilham ideias, estratégias e experiências em comum. Isso faz com que os empreendedores aprendam com os erros e sucessos dos outros, além de serem capazes de obter novas perspectivas.

- **FEEDBACK CONSTRUTIVO:** Amigos de confiança fornecem feedback sincero e construtivo sobre ideias de negócios e decisões importantes. Eles ajudam os empreendedores a ver pontos cegos ou considerar outras perspectivas.

- **SUCESSO COMPARTILHADO:** Amigos celebram as vitórias uns dos outros e apoiam-se em momentos difíceis. Eles são fontes valiosas de encorajamento e motivação.

"Eu acredito na santidade de uma promessa, que a palavra de um homem deve ser tão boa quanto seu vínculo; esse caráter, não riqueza, poder ou posição, tem valor supremo".

Hábito 7

Seja sociável e amigável

A sociabilidade nos negócios é um aspecto muito importante para o sucesso de uma empresa. A capacidade de se comunicar efetivamente e de se relacionar bem com clientes, fornecedores, parceiros e colegas de trabalho é essencial para construir relacionamentos positivos e duradouros. A sociabilidade também ajuda a criar um ambiente de trabalho agradável e produtivo, onde os colaboradores se sentem mais confortáveis e motivados a atuar em equipe.

E Rockefeller sabia disso. Ele costumava dizer que era mais difícil ficar rico sozinho do que fazendo parcerias. Ele acreditava que o dinheiro vinha de outras pessoas e que as parcerias são fundamentais. Assim como já mencionamos neste livro, as associações com empreendedores era algo defendido por Rockefeller pois unia esforços em prol de um mesmo objetivo e era algo que ele levava muito em consideração.

Rockefeller, frequentemente, participava de eventos sociais e empresariais, como jantares, conferências e reuniões de negócios em que tinha a oportunidade de conhecer e interagir com outros empresários. Além disso, Rockefeller era conhecido por sua capacidade de negociação e visão comercial estratégica. Ele sabia como usar sua rede de contatos e influência para conseguir acordos vantajosos e fechar negócios lucrativos. Mas, ele não fazia parcerias apenas com outros empresários. Rockefeller costumava valorizar muito o conhecimento e a força produtiva de seus funcionários também.

Aqueles que conviveram com Rockefeller diziam que ele costumava distribuir ações aos funcionários da Standard Oil como parte dos salários. Há quem conte que ele fazia isso para incentivar e motivar os funcionários para que trabalhassem com mais afinco, já que o sucesso da empresa refletiria em seu próprio dinheiro. Dessa forma, Rockefeller, sem muito esforço, fazia com que seus funcionários trabalhassem com a máxima performance, gerando lucros para todos.

Outro exemplo dessa teoria de Rockefeller foi colocado em prática quando os donos de ferrovias se uniram para tabelar o preço dos fretes de produtos e, dessa forma, manipulá-lo durante as negociações. O empresário recorreu ao apoio e parceria de seus funcionários e, mais uma vez, superou as adversidades.

Construção de oleodutos.

Diante do desafio imposto pelos proprietários das ferrovias, Rockefeller associou-se, principalmente, a químicos e pesquisadores de suas empresas e eles estudaram juntos a possibilidade de transportar o petróleo por dutos. Depois de um investimento considerável, Rockefeller construiu seu próprio sistema de escoamento a partir de uma rede de oleodutos para todo o país, alcançando o sucesso mais uma vez.

"Eu acredito que o meu dever é fazer dinheiro e mais dinheiro e usar o dinheiro que faço para o bem dos homens de acordo com os ditames de minha consciência".

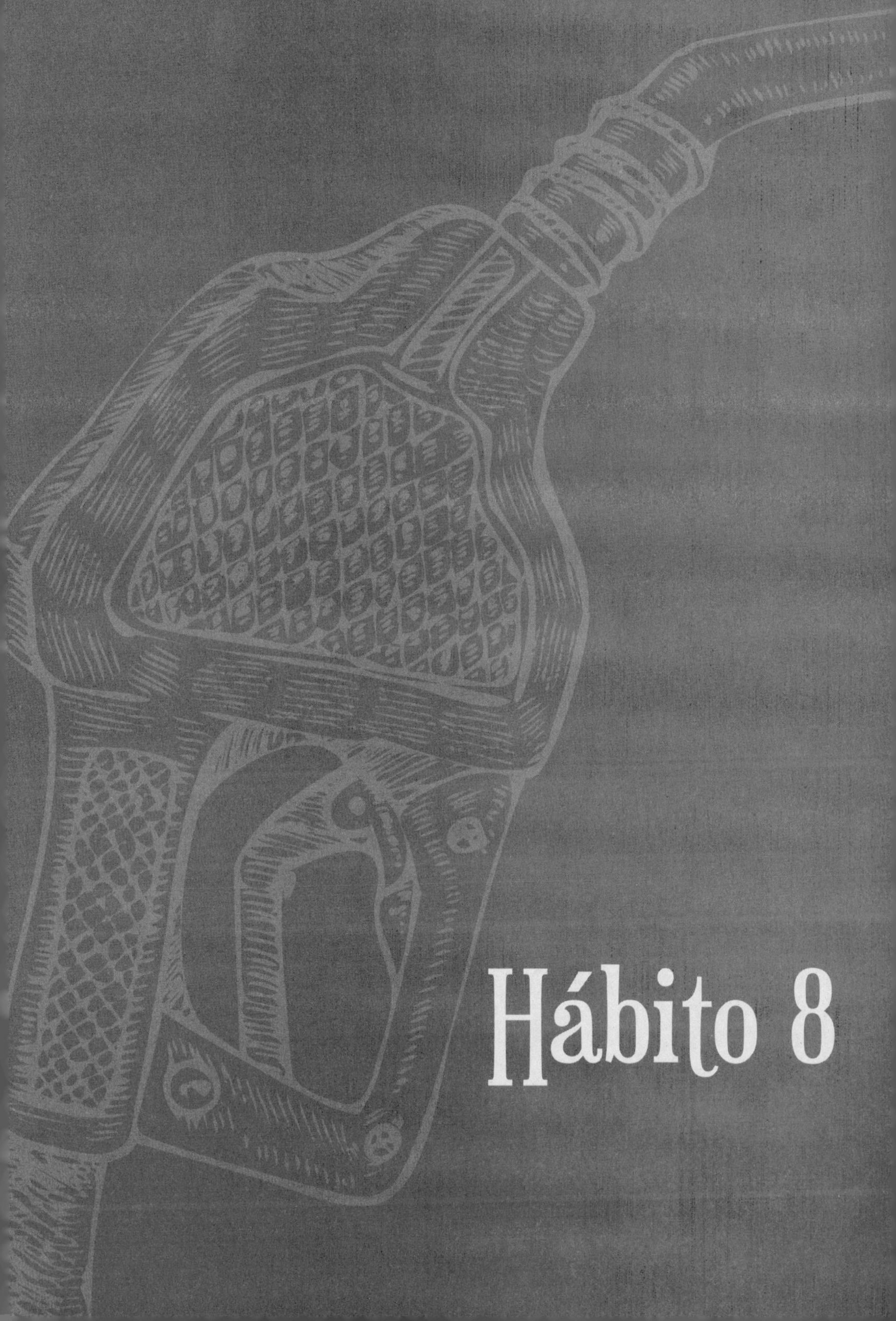

Hábito 8

Trabalhe menos para outras pessoas

Rockefeller acreditava que quanto mais trabalhasse para alguém, menos tempo teria para ganhar dinheiro para si mesmo. Em toda a sua vida, o magnata foi empregado de outras pessoas por muito pouco tempo. Mesmo tendo se destacado no primeiro emprego formal que conseguiu, John percebeu que aquele não era o caminho para o sucesso e dedicou-se à função de funcionário por apenas dois anos.

A teoria de Rockefeller de trabalhar menos para outras empresas é uma filosofia que se baseia na ideia de que, ao diminuir o tempo dedicado ao trabalho para terceiros, é possível aumentar a produtividade e alcançar uma maior realização pessoal.

Para Rockefeller, a ideia de trabalhar menos para outras pessoas significava priorizar projetos pessoais, hobbies ou investimentos em negócios próprios. Segundo ele, ao diminuir a dependência do trabalho para terceiros seria possível ter mais liberdade e controle sobre a própria vida e carreira.

Rockefeller acreditava que, ao diminuir o tempo de trabalho para outros, as pessoas teriam mais tempo para investir em atividades que trazem realização pessoal e, consequentemente, seriam mais felizes e produtivas em todas as áreas da vida.

Uma das principais vantagens da teoria de Rockefeller é que ela encoraja as pessoas a buscar seus próprios objetivos e sonhos em vez de depender exclusivamente do trabalho para terceiros. Ao investir mais tempo em projetos pessoais é possível desenvolver novas habilidades e se tornar mais competente em diversas áreas, o que pode abrir novas portas e oportunidades no mercado de trabalho.

Além disso, a teoria de Rockefeller incentiva a busca pela independência financeira, o que traz maior segurança e estabilidade para a vida pessoal e profissional. Ao ter mais controle sobre suas finanças e depender menos do trabalho para terceiros é possível ter mais liberdade para escolher as próprias oportunidades e tomar decisões importantes com mais autonomia.

Por tudo isso, a ideia de Rockefeller de trabalhar menos para os outros é uma filosofia que encoraja as pessoas a buscar sua independência financeira e investir mais tempo em projetos pessoais e empreendimentos próprios. Embora possa trazer muitas vantagens, é importante lembrar que colocá-la em prática exige disciplina, planejamento e muito esforço, características que não faltavam ao empresário.

"Construa uma reputação e trabalhe para você mesmo".

Hábito 9

Economize dinheiro de forma inteligente

Rockefeller tinha para si que o dinheiro não deveria apenas ser guardado, mas isso tinha de ser feito da maneira mais lucrativa possível. Um de seus ensinamentos diz que as pessoas que desejam se tornar ricas devem comprar aquilo de que necessitam buscando descontos sempre. Ele também dizia que antes de ir às compras, todos deveriam ter em mãos uma lista dos itens necessários e que apenas esses deveriam ser adquiridos. Rockefeller chamava esse hábito de economia inteligente. Foi assim que, aos 13 anos, ele já era dono de um pequeno capital e fazia empréstimos, com juros, aos conhecidos.

> **"Acredito que a economia é essencial para uma vida bem ordenada e que a economia é um requisito primordial de uma estrutura financeira sólida, seja no governo, nos negócios ou nos assuntos pessoais".**

Uma das principais ideias de Rockefeller era economizar dinheiro sempre que possível. Ele acreditava que até mesmo pequenas economias poderiam se acumular ao longo do tempo e se tornar significativas. Esse hábito se concentrava no princípio de economizar dinheiro e investi-lo de maneira estratégica para obter o máximo retorno possível.

Rockefeller também enfatizava a importância de viver de acordo com as possibilidades. Ele acreditava que gastar menos do que se ganha é fundamental para guardar dinheiro e alcançar a independência financeira.

Para Rockefeller, guardar dinheiro não significava simplesmente colocá-lo em uma conta poupança comum. Ele recomendava que as pessoas investissem suas reservas em negócios e ações para obter o máximo de retorno possível. Ele acreditava que a diversificação era a chave para investir com sucesso e recomendava optar por uma variedade de ações e negócios, em vez de colocar todo o dinheiro em um só lugar.

Além disso, Rockefeller acreditava ser importante investir em negócios e setores que se conhece bem. Ele afirmava que isso permitia que as pessoas tomassem decisões informadas e fizessem escolhas inteligentes de investimento.

Rockefeller também enfatizava a importância de se educar sobre finanças e investimentos. Ele acreditava que o conhecimento financeiro era essencial para o sucesso dos negócios e para a prosperidade de todas as pessoas.

Outra ideia de Rockefeller era evitar dívidas e, sempre que possível, evitar pagar juros. Ele recomendava que as pessoas pagassem em dinheiro sempre que possível e evitassem empréstimos desnecessários.

"Creio que a economia é essencial para uma boa vida".

O empresário recomendava ser importante manter um fundo de emergência para lidar com situações inesperadas, como a perda de um emprego ou uma emergência médica e dizia que as pessoas, sempre que possível, deveriam economizar entre seis meses e um ano de despesas em um fundo de emergência.

Para Rockefeller, o planejamento tributário era outro aspecto importante. Ele dizia que as pessoas deveriam procurar maneiras legais de minimizar suas obrigações fiscais para que pudessem guardar mais dinheiro ao longo do tempo.

Por fim, Rockefeller acreditava que a paciência é fundamental para guardar dinheiro de forma inteligente. Ele dizia que os bons investidores seriam aqueles que conseguissem evitar o embasamento apenas em flutuações do mercado a curto prazo.

Hábito 10

Não tema os grandes gastos, tenha medo das pequenas rendas

Foi começando o próprio negócio que John Rockefeller conseguiu se livrar da pobreza e da escassez. Mesmo sendo necessário fazer parcerias para estrear na vida de empreendedor, ele costumava dizer que ser o próprio patrão era a única maneira de atingir o sucesso financeiro.

Rockefeller não tinha medo de arriscar. Por meio do trabalho duro, da dedicação e da construção de uma boa reputação na comunidade ele foi capaz de inspirar a confiança daqueles com quem convivia e estabelecer parcerias e empréstimos para investir no próprio sucesso.

A teoria de John D. Rockefeller sobre "não tema os grandes gastos, tenha medo das pequenas rendas" refere-se à sua crença de que as pessoas devem se concentrar em maximizar suas receitas e não se preocupar excessivamente com os gastos necessários para alcançar esse objetivo. Em outras palavras, Rockefeller argumentava que as pessoas deveriam estar dispostas a gastar dinheiro em investimentos estratégicos que aumentassem suas rendas, em vez de se concentrar apenas em economizar dinheiro sem planejamento.

"Um homem de palavras e não de ações é como um jardim cheio de ervas daninhas".

Como um dos fundadores da Standard Oil Company, Rockefeller entendeu cedo o valor de investir em empreendimentos estratégicos que trariam grandes retornos financeiros. Ele acreditava que as empresas bem-sucedidas não deveriam hesitar em fazer grandes investimentos em si mesmas, a fim de crescer e se expandir. Ele dizia que não se acomodar com uma renda pequena é crucial para alcançar uma vida financeira saudável, afinal, quando uma pessoa se acomoda com uma renda insuficiente, ela está se contentando com menos do que merece. Isso pode levar a uma vida de privações e limitações, que prejudicam a qualidade de vida e as oportunidades de crescimento.

Rockefeller também argumentava que as pessoas deveriam ter uma visão ampla e de longo prazo de suas finanças pessoais. Em vez de se preocupar com pequenas economias diárias, ele acreditava que todos deveriam estar mais atentos em maximizar suas receitas a longo prazo. Isso poderia incluir investimentos em negócios próprios, educação e treinamento, ou outras atividades que aumentassem sua capacidade de ganhar mais dinheiro ao longo do tempo.

Outro motivo para não se acomodar com uma renda pequena é que isso limita as oportunidades de aprendizado e crescimento profissional. Quando uma pessoa está satisfeita com sua situação financeira, é menos provável que ela procure novos desafios e oportunidades de desenvolvimento. Isso pode levar a uma estagnação na carreira e limitar as chances de progredir profissionalmente.

Uma desvantagem de se acomodar com uma renda pequena é que isso pode, também, levar a um nível de estresse mais elevado. Quando uma pessoa está constantemente preocupada com suas finanças, ela

"Se você é pobre, comece um negócio. Se você é muito pobre, comece um negócio urgentemente".

pode sentir ansiedade, medo e outras emoções negativas que afetam sua saúde mental e física. Isso leva a problemas como depressão, insônia e outros distúrbios relacionados ao estresse.

Outro motivo para não se acomodar com uma renda pequena é que isso interfere negativamente os relacionamentos interpessoais. Quando uma pessoa está constantemente preocupada com suas finanças ela pode ficar menos disposta a socializar e interagir com outras pessoas.

"Ninguém pode saber o que a vida lhe reserva. Mas você deve saber que nasceu para algo maior".

Hábito 11

Cerque-se de vencedores e otimistas

John Rockefeller dizia que as comunicações devem ser construtivas e sempre trazer algo bom aos interlocutores. Dessa forma, conversas produtivas, novas ideias e possibilidades de negócios só seriam suscitadas com pessoas que tivessem algo positivo para oferecer, seja uma ideia, um incentivo ou mesmo uma parceria. Rockefeller defendia que as conversas deveriam sempre levar a um propósito.

Esse argumento do empresário era baseado na afirmação de que estar cercado por pessoas motivadoras é um dos caminhos ao sucesso. Quando você está próximo de pessoas que têm uma atitude positiva e alegre, é mais provável que você se sinta feliz e animado também. O humor é contagioso e estar perto de pessoas que são felizes e otimistas favorece que todos se sintam da mesma forma. Isso ocorre porque essas pessoas estão sempre apoiando e incentivando umas às outras, o que colabora para aumentar a autoestima e autoconfiança.

Quando você está enfrentando um desafio ou dificuldade na vida, estar perto de pessoas positivas ou que já passaram por situações parecidas pode ajudá-lo a superar esses obstáculos.

Essas pessoas, normalmente, oferecem conselhos e orientação úteis, bem como encorajamento e apoio emocional.

Ao cercar-se de exemplos de atitude vencedora é mais fácil perceber que os desafios são oportunidades de aprendizado e crescimento, em vez de impedimentos e derrotas.

"Acredite em você mesmo, caso contrário, ninguém o fará. Este é um conselho que leva ao sucesso".

Hábito 12

Não agir é o caminho para a pobreza

Desde muito cedo Rockefeller sabia o que queria da vida. Vindo de uma família humilde, com mais cinco irmãos e filho de um pai ausente tanto física quanto economicamente, o garoto tinha convicção de que aquele não era o exemplo que ele seguiria.

Mesmo para aqueles com poucos recursos, Rockefeller costumava dizer que era necessário evitar desculpas para não agir. Muitas vezes, as pessoas justificam a falta de atitude por inúmeros motivos, porém, Rockefeller acreditava que não deve haver desculpas no caminho para o sucesso. Ele dizia que, ao inventar obstáculos, a própria pessoa se condena à pobreza e ao fracasso. Rockefeller era totalmente contrário ao hábito da "zona de conforto", em que muitas pessoas acomodam-se, mesmo que em um conforto ilusório, apenas imaginário. Ele acreditava que a atitude é a receita para novas descobertas, novos propósitos e, consequentemente, para uma nova vida.

Rockefeller via o comodismo como um obstáculo ao sucesso e à realização de metas pessoais e profissionais. Ele acreditava que a complacência era um dos maiores inimigos do progresso e que era importante buscar maneiras de se aprimorar e crescer. Rockefeller dizia que o sucesso e a riqueza vinham da dedicação e da persistência.

Ele considerava que a falta de ação e a procrastinação eram obstáculos para alcançar metas e objetivos. O empresário considerava que a inatividade e a falta de iniciativa podem levar à estagnação e, eventualmente, à pobreza.

"Se você quer ser bem-sucedido, você precisa apostar em novos caminhos em vez de seguir pelos quais já conhece".

Quando os donos de ferrovias pelas quais Rockefeller transportava o petróleo decidiram unir-se para pressionar o empresário durante as negociações de fretes, Rockefeller poderia apenas ter cedido à pressão pagando um preço mais alto para escoar a produção de sua empresa. Entretanto, ele buscou novas alternativas para o processo de transporte, investiu na construção de oleodutos, barateou a distribuição, recuperou o investimento feito na inovação, fortaleceu-se, prosperou e reverteu mais uma das adversidades em seu caminho.

"Não creio que exista outra qualidade tão essencial para o sucesso quanto a qualidade da perseverança, ela supera quase tudo, até mesmo a natureza".

Hábito 13

Estude biografias e pensamentos das pessoas bem-sucedidas

O mundo está cheio de bons exemplos e casos de sucesso em que se espelhar. Pessoas que partiram do zero em direção a uma vida de sucesso existem aos montes. E Rockefeller tinha o hábito de dizer que é nessas pessoas que devemos nos inspirar. Ele acreditava tanto nisso que foi o que fez desde muito jovem, frequentando cafés apenas para observar como os ricos de sua cidade se comportavam e sobre o que conversavam. Nessa época, Rockefeller ainda era um garoto pobre, mas reservava uma parte do dinheiro que ganhava com a venda de doces feitos por sua mãe para comprar apenas uma xícara de café e conseguir frequentar os mesmos lugares que os membros da classe alta local.

Rockefeller acreditava que conhecer o modo de pensar e agir das pessoas ricas era um dos caminhos para se tornar uma delas. Entender de onde vinha o sucesso servia como um aprendizado para o jovem empreendedor.

Ao estudar biografias de pessoas ricas, é importante buscar entender não só as suas realizações financeiras, mas também suas características pessoais, habilidades e valores que as levaram ao sucesso. A teoria de Rockefeller de estudar a vida de pessoas

"A boa gestão consiste em mostrar que as pessoas comuns podem aprender a fazer o trabalho de gente especializada naquele assunto".

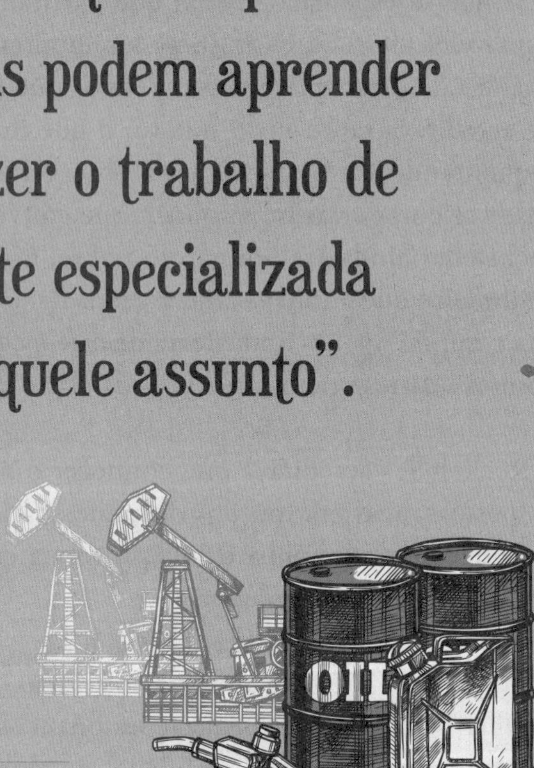

bem-sucedidas é uma abordagem que enfatiza a importância de analisar as características e práticas desses indivíduos para identificar padrões e estratégias que possam ser aplicados para alcançar a vitória. Ele acreditava que, ao compreender como essas pessoas haviam alcançado o sucesso, ele poderia aplicar essas lições em sua própria vida e carreira e ser um vencedor também.

A abordagem de Rockefeller influenciou a criação de uma disciplina conhecida como estudos de sucesso que tem como objetivo identificar as características comuns entre pessoas bem-sucedidas em diversas áreas, como negócios, política, esportes e artes. Essa abordagem pode ser usada para orientar ações de desenvolvimento pessoal, ajudando indivíduos a identificar as habilidades e competências necessárias para alcançar seus objetivos.

A abordagem de Rockefeller continua a ser uma fonte de inspiração e motivação para muitas pessoas que buscam o sucesso em suas vidas. Ao estudar a trajetória de pessoas bem-sucedidas, é possível identificar lições valiosas que ajudam a guiar nossas próprias jornadas pessoais e profissionais rumo ao sucesso.

Hábito 14

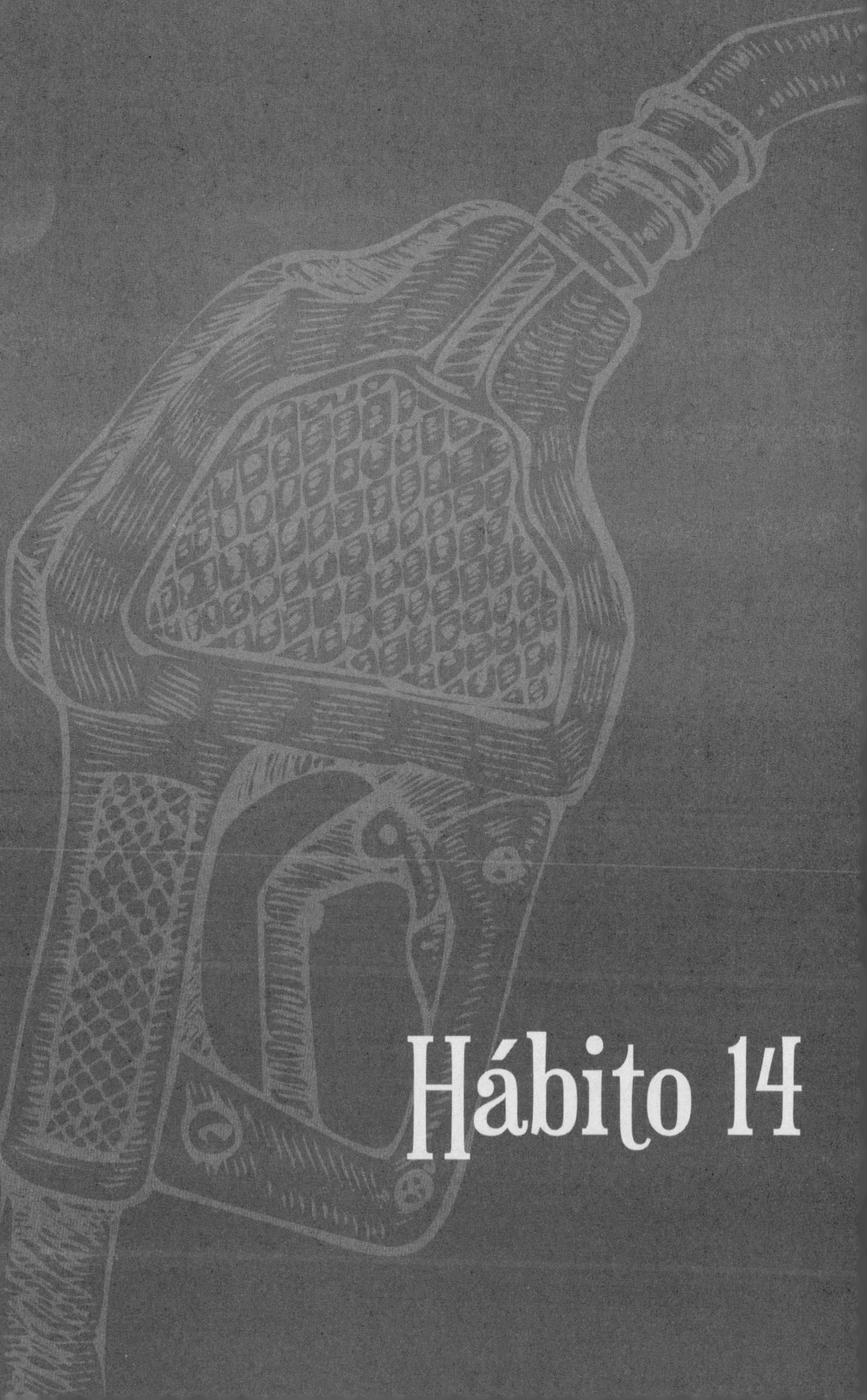

Invista na qualidade

Percebendo que as empresas de combustíveis concorrentes e que as próprias empresas não tinham um padrão em seus produtos, Rockefeller decidiu investir na qualidade de sua produção. Ele foi capaz de perceber que seus produtos deveriam sempre ter a mesma performance, então, destacou-se, mais uma vez, diante dos concorrentes.

O empresário se deu conta de que a padronização de qualquer processo ajuda a melhorar a eficiência da produção, uma vez que os funcionários se familiarizam com um conjunto específico de procedimentos e instruções.

A padronização também permite que todos os produtos sejam feitos da mesma maneira, o que garante que a qualidade seja constante. Essa prática torna mais fácil para as empresas se adaptarem às novas demandas do mercado, uma vez que os processos de produção são mais facilmente ajustados quando há um conjunto limitado de procedimentos. A padronização cria uma identidade de marca mais forte pois os clientes reconhecem e confiam em produtos que são consistentes em termos de qualidade.

Diante de todas essas constatações, Rockefeller percebeu que era hora de evoluir e ajustar todo o processo. De acordo com a história, a padronização tornou-se até uma obsessão no dia a dia do empresário. Foi, inclusive, a partir dessa preocupação que Rockefeller criou o nome de sua companhia, a Standard Oil, que significa Óleo Padrão.

A estratégia de padronização de Rockefeller envolvia a centralização e controle dos processos de produção, transporte e distribuição de petróleo e seus derivados. Ele buscava garantir a qualidade e consistência dos produtos, além de reduzir custos e aumentar a eficiência.

Para alcançar esse objetivo, Rockefeller investiu em tecnologia, desenvolveu novos métodos de refino de petróleo, adquiriu empresas concorrentes e, por bons salários, contratou os funcionários mais capacitados. Ele acreditava que pagar salários competitivos aos funcionários mais talentosos e eficientes era uma das maneiras mais eficazes de manter sua equipe motivada e produtiva.

Ao oferecer salários mais altos do que os oferecidos por outras empresas, Rockefeller atraiu alguns dos melhores trabalhadores do setor. Ele também investiu em treinamento e desenvolvimento de seus funcionários para ajudá-los a aprimorar suas habilidades e alcançar seu potencial máximo.

"Fazer o certo não
é o suficiente.
O importante é que
as pessoas saibam
que você está
fazendo o certo".

Apesar de controversa, a estratégia de padronização de Rockefeller foi fundamental para o sucesso da Standard Oil Company, que se tornou a maior empresa de petróleo do mundo na época.

Hábito 15

Respeite seus funcionários

John Rockefeller costumava dizer que, para ter sucesso nos negócios, era necessário tratar os empregados com respeito e reconhecer as contribuições de cada um no trabalho. Ele acreditava que os funcionários eram a força motriz da empresa e que seu bem-estar era fundamental para o sucesso a longo prazo. Ele pagava salários atrativos, oferecia benefícios e oportunidades de crescimento para seus trabalhadores. Além disso, ele estabeleceu um sistema de participação nos lucros em que os funcionários podiam receber uma parte dos lucros da empresa.

Outra forma pela qual Rockefeller valorizava seus funcionários era fornecendo-lhes treinamento e desenvolvimento. Ele criou uma universidade empresarial para seus gerentes e líderes, em que eles podiam aprender novas habilidades e aprimorar suas competências. Essa universidade também oferecia cursos de educação geral para todos os funcionários, ajudando-os a expandir seus conhecimentos e habilidades.

Aqueles que estudaram a história de John Rockefeller dizem que ele sabia como conversar com trabalhadores dos mais diversos níveis em suas empresas. Mantinha-se calmo diante das críticas e evitava discussões acaloradas. Embora se diga que Rockefeller raramente elogiava seus funcionários, diz-se também ele sabia respeitá-los.

Rockefeller foi um dos primeiros empresários a oferecer benefícios como seguro de saúde e pensões aos trabalhadores, muito antes dessas práticas se tornarem comuns na indústria. Ele também estabeleceu horários de trabalho mais curtos e melhores condições laborais em suas fábricas, reconhecendo que isso melhorava a produtividade e a satisfação dos trabalhadores.

"A capacidade de lidar com as pessoas é semelhante a comprar um produto como açúcar ou café e eu estou disposto a pagar o preço por essa capacidade".

Além disso, Rockefeller acreditava em investir em seus funcionários através de treinamento e desenvolvimento. Pensando nisso, ele estabeleceu um programa de treinamento para seus gerentes e supervisores, a fim de ajudá-los a se tornarem líderes mais eficientes.

Hábito 16

Hábito 17

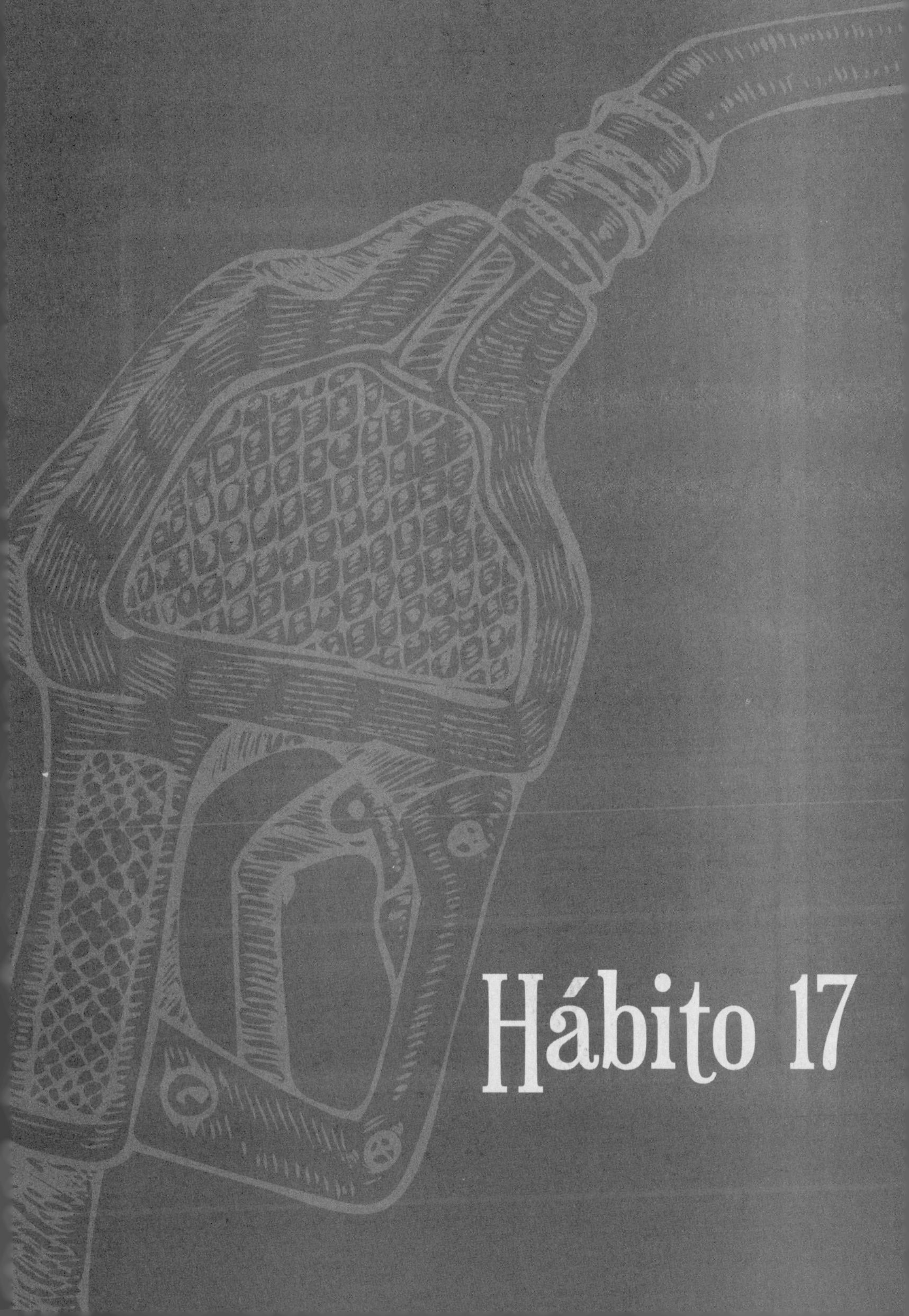

Gerencie seu tempo

John D. Rockefeller era um grande defensor do gerenciamento eficaz do tempo. Ele acreditava que o tempo era um recurso precioso, limitado e que deveria ser usado de maneira produtiva e estratégica. Rockefeller foi um grande defensor da organização e planejamento cuidadosos de uma agenda diária e semanal, a fim de maximizar a produtividade e a eficiência. Ele costumava usar um caderno de notas para listar suas tarefas e objetivos e, depois, priorizá-los em ordem de importância e urgência.

Rockefeller era conhecido por usar várias técnicas de gerenciamento de tempo para maximizar sua produtividade. Algumas das estratégias que ele empregou incluíam:

• **Definir prioridades:** Rockefeller acreditava que era importante definir metas claras e priorizar as tarefas com base na importância e urgência.

• **Planejamento estratégico:** Ele planejava cuidadosamente seu dia e seus objetivos, reservando tempo para atividades que eram mais importantes ou que exigiam mais atenção.

• **Delegação:** Rockefeller era um grande defensor da delegação de tarefas. Ele acreditava que isso permitiria que ele se concentrasse em atividades mais importantes e maximizasse a eficácia de sua equipe.

• **Foco:** Rockefeller era conhecido por sua capacidade de se concentrar intensamente em uma tarefa e evitar distrações. Ele acreditava que essa habilidade era crucial para a produtividade e o sucesso.

"Um homem não tem o direito de ocupar o tempo de outro homem desnecessariamente".

Seja honesto e confiável

John Rockefeller construiu seu império do zero e, para isso, em alguns momentos de sua trajetória, teve que recorrer a empréstimos bancários. Em algumas ocasiões, mesmo sem crédito, ele conseguiu a confiança das instituições por ser conhecido como um homem íntegro, honesto e confiável em seus negócios. Ele era um homem de princípios e valores sólidos, muitos deles adquiridos de sua mãe e na religião a que era devoto.

Os colegas de negócios e parceiros de Rockefeller confiavam nele completamente, sabendo que o empresário sempre honraria seus compromissos e que era um homem de palavra. Ele nunca prometia nada que não pudesse cumprir, seja com seus funcionários, parceiros de negócios ou clientes.

Sua reputação de honestidade e confiabilidade era tão sólida que muitas pessoas estavam dispostas a fazer negócios com ele, mesmo que estes não fossem necessariamente os mais vantajosos para elas.

Rockefeller acreditava que a honestidade era a melhor política, mesmo em situações difíceis. Seus relatórios financeiros eram sempre claros e precisos, e ele se esforçava para garantir que seus parceiros de negócios entendessem completamente suas atividades e finanças.

Rockefeller também foi um líder justo e responsável. Ele tratava seus funcionários com respeito e dignidade, oferecendo-lhes bons salários e benefícios, e garantindo que eles fossem tratados de forma justa e equitativa. O empresário era um defensor da responsabilidade social/empresarial. Ele acreditava que as empresas tinham a responsabilidade de contribuir para a sociedade e, por isso, investia em iniciativas filantrópicas e projetos sociais que beneficiavam a comunidade.

"Acredito que a verdade e a justiça são fundamentais para uma ordem social duradoura".

Rockefeller mostrou que é possível ser bem-sucedido, respeitado e, ao mesmo tempo, manter-se fiel aos seus valores e princípios. Sua honestidade e confiabilidade foram fundamentais para o sucesso de seus negócios. Ele construiu um império empresarial que durou décadas e suas empresas continuaram sendo algumas das mais influentes e bem-sucedidas dos Estados Unidos mesmo depois de sua morte.

“A coisa mais importante para um jovem é estabelecer um crédito, uma reputação, caráter”.

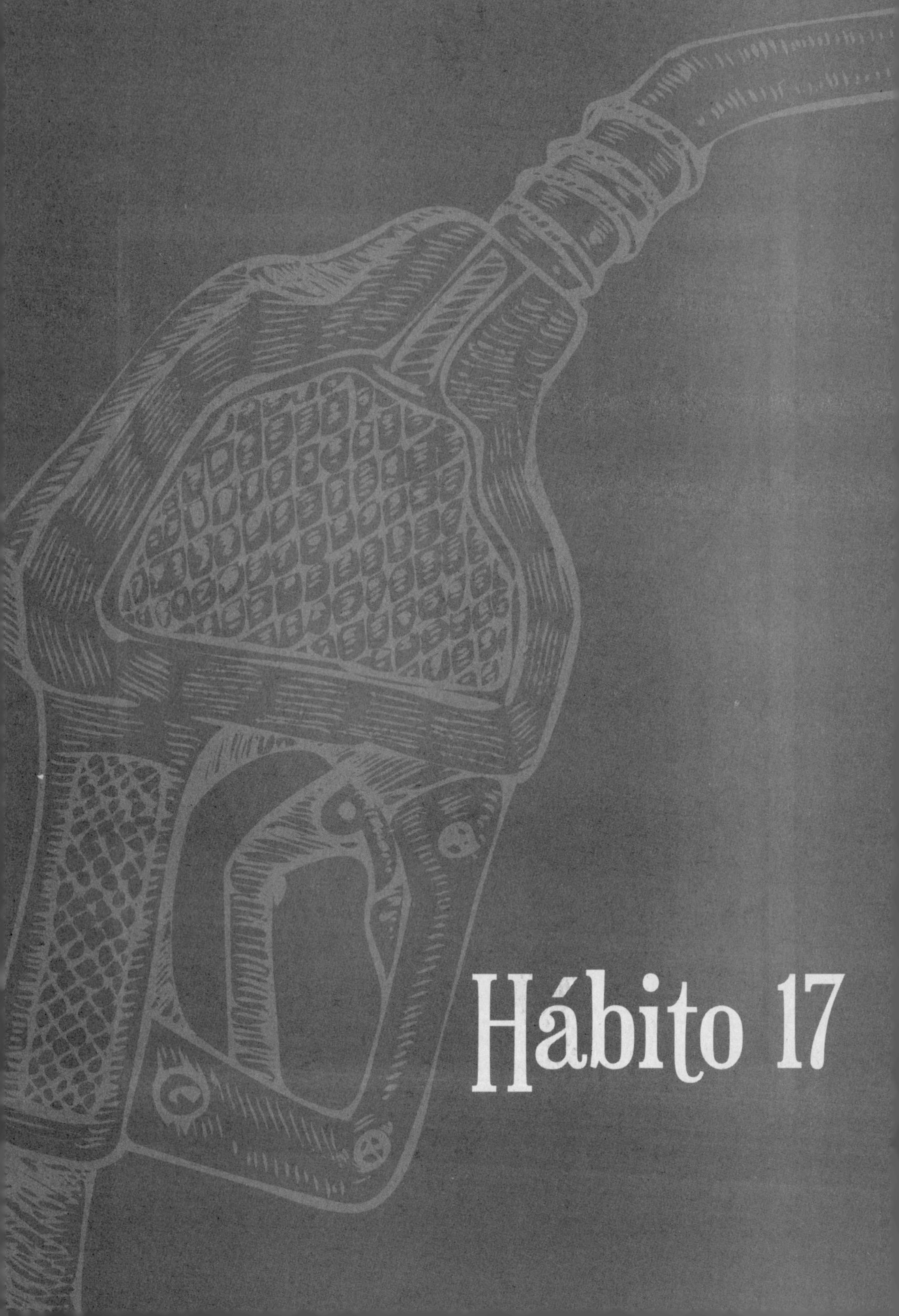

Hábito 17

Gerencie seu tempo

John D. Rockefeller era um grande defensor do gerenciamento eficaz do tempo. Ele acreditava que o tempo era um recurso precioso, limitado e que deveria ser usado de maneira produtiva e estratégica. Rockefeller foi um grande defensor da organização e planejamento cuidadosos de uma agenda diária e semanal, a fim de maximizar a produtividade e a eficiência. Ele costumava usar um caderno de notas para listar suas tarefas e objetivos e, depois, priorizá-los em ordem de importância e urgência.

Rockefeller era conhecido por usar várias técnicas de gerenciamento de tempo para maximizar sua produtividade. Algumas das estratégias que ele empregou incluíam:

• **Definir prioridades:** Rockefeller acreditava que era importante definir metas claras e priorizar as tarefas com base na importância e urgência.

• **Planejamento estratégico:** Ele planejava cuidadosamente seu dia e seus objetivos, reservando tempo para atividades que eram mais importantes ou que exigiam mais atenção.

• **Delegação:** Rockefeller era um grande defensor da delegação de tarefas. Ele acreditava que isso permitiria que ele se concentrasse em atividades mais importantes e maximizasse a eficácia de sua equipe.

• **Foco:** Rockefeller era conhecido por sua capacidade de se concentrar intensamente em uma tarefa e evitar distrações. Ele acreditava que essa habilidade era crucial para a produtividade e o sucesso.

"Um homem não tem o direito de ocupar o tempo de outro homem desnecessariamente".

"Muitos de nós não alcançamos grandes coisas... Falhamos porque nos falta concentração, a arte de concentrar a mente no que deve ser feito, no momento certo, excluindo tudo o mais".

Dicas de como organizar o tempo

• *Comece com uma lista de tarefas:* Uma das estratégias mais básicas para programar o dia é fazer uma lista das tarefas que precisam ser realizadas. Isso permite que você tenha uma visão geral do que deve ser feito.

• *Priorize as tarefas mais importantes:* Uma vez que você tenha sua lista de tarefas, é importante priorizá-las. Identifique as atividades mais importantes e urgentes e trabalhe nelas primeiro.

• *Estabeleça metas diárias:* Outra estratégia útil é estabelecer metas diárias para si mesmo. Isso ajuda a manter o foco e a motivação durante todo o dia.

• *Utilize a técnica Pomodoro:* A técnica Pomodoro é um método de gerenciamento de tempo que envolve trabalhar em blocos de tempo de 25 minutos seguidos por uma pausa de 5 minutos. Isso ajuda a manter a concentração e aumentar a produtividade.

• *Evite multitarefas:* Embora muitas pessoas acreditem que a multitarefa seja uma habilidade valiosa, na verdade, ela pode levar a uma redução na produtividade. Concentre-se em uma tarefa de cada vez e evite distrações.

• *Estabeleça horários fixos:* Determinar horários para atividades como trabalho, exercícios e refeições ajuda a manter uma rotina saudável e produtiva.

• *Aprenda a dizer "não":* Dizer "sim" a todas as solicitações leva a uma sobrecarga e estresse. Aprenda a dizer "não" quando necessário e estabeleça limites claros.

• *Faça pausas regulares:* Fazer pausas regulares é importante para evitar a fadiga mental e física. Tente fazer uma pausa curta a cada uma ou duas horas.

• *Desligue as notificações:* As notificações constantes de mensagens, e-mails e mídias sociais geram uma grande distração. Desligue as notificações durante o tempo de trabalho para manter o foco em suas atividades.

• *Use a tecnologia a seu favor:* Existem muitas ferramentas e aplicativos que ajudam a gerenciar o tempo e aumentar a produtividade. Experimente diferentes opções e descubra o que funciona melhor para você.

• *Seja organizado:* Manter um ambiente de trabalho organizado e limpo ajuda a reduzir o estresse e a aumentar a eficiência.

• *Faça exercícios físicos:* Fazer atividades físicas aumenta a energia e a produtividade.

John D. Rockefeller em um momento de descontração.

Hábito 18

Promova a competição saudável

Rockefeller acreditava que a competição saudável era uma parte essencial do livre mercado, do progresso econômico e tecnológico. Ele considerava que a concorrência incentivava as empresas a inovar e a melhorar seus produtos e serviços.

Para o magnata do petróleo, a concorrência era um ingrediente fundamental para manter os preços baixos e os produtos acessíveis aos consumidores. Ele defendia a ideia de que as empresas deveriam competir com base na qualidade de seus produtos e serviços, em vez de simplesmente reduzir preços para eliminar a concorrência. Ele também apoiava a regulamentação governamental das empresas para garantir que elas não se envolvessem em práticas não-competitivas, como fixação de preços ou monopólios. Ele via a concorrência como uma maneira de garantir que as empresas oferecessem a melhor qualidade pelo menor preço possível.

Entretanto, Rockefeller também dizia que a competição desenfreada poderia ser prejudicial à economia. Ele via a concorrência excessiva como um obstáculo ao progresso e à inovação.

Para Rockefeller, a chave para a competição saudável era o equilíbrio entre a competição e a cooperação.

Rockefeller também dizia que a competição saudável só poderia ser alcançada se houvesse regras claras e justas para todos os jogadores. Ele via a regulamentação como uma forma de garantir que as empresas competissem de maneira justa e que os consumidores fossem protegidos em seus interesses.

Embora a ideia de competição saudável tenha sido desenvolvida há mais de um século, ela continua sendo relevante até os dias atuais. Muitas empresas ainda buscam obter vantagem competitiva através de práticas antiéticas ou ilegais, prejudicando não apenas seus concorrentes, mas também os consumidores e a sociedade como um todo. A abordagem de Rockefeller pode ser vista como um lembrete importante de que a competição pode ser uma força positiva, mas apenas se for conduzida de forma ética e responsável.

Rockefeller acreditava que as empresas deveriam competir umas com as outras, mas também deveriam trabalhar juntas para alcançar objetivos comuns. Ele via a cooperação como uma maneira de evitar a concorrência desenfreada e alcançar um equilíbrio saudável.

Hábito 19

Fique de olho nas finanças de sua empresa

John D. Rockefeller teve uma ideia inovadora e simples que revolucionou a forma como as empresas gerenciavam suas finanças. Ele defendia a importância de manter um controle rígido sobre as finanças de sua empresa, a Standard Oil, a fim de maximizar seus lucros e minimizar suas perdas. Para fazer isso, ele criou um sistema de contabilidade detalhado, que rastreava cada centavo que entrava e saía da empresa, até a última casa decimal.

Ele também exigia que todos os seus gerentes e contadores fornecessem relatórios financeiros regulares e detalhados para que ele pudesse ter uma visão clara do desempenho da empresa.

Através dessas medidas, Rockefeller foi capaz de manter um controle apertado sobre as finanças da Standard Oil, o que lhe permitiu tomar decisões estratégicas. Além disso, ele também usou essas informações para identificar áreas de desperdício e ineficiência na empresa, o que lhe permitiu cortar custos e aumentar ainda mais seus lucros.

A ideia de Rockefeller de ficar de olho nas finanças da empresa foi tão bem-sucedida que logo se tornou uma prática padrão em muitas empresas ao redor do mundo. Hoje em dia, a maioria das empresas tem uma equipe dedicada a gerenciar suas finanças e a fornecer relatórios regulares aos executivos.

A abordagem de Rockefeller de ficar de olho nas finanças da empresa era particularmente inovadora na época em que foi introduzida. Antes dele, muitas empresas não tinham uma compreensão clara de seus fluxos de caixa e despesas, o que dificultava a tomada de decisões inteligentes. Esse método ajudou a transformar a Standard Oil em uma das maiores empresas do mundo e ajuda muitos empresários até hoje.

Entretanto, essa perspectiva de controle total das finanças não se aplica somente no meio empresarial. Hoje em dia, ela também é primordial a todos aqueles que almejam a saúde financeira. Ter o controle dos ganhos e gastos é fundamental na vida de quem deseja alcançar metas financeiras, evitar dívidas, identificar áreas de melhoria e tomar decisões financeiras conscientes.

Monitorar as finanças pessoais ajuda você a controlar melhor seus gastos e evita despesas superiores àquelas que se pode pagar. Quando você sabe exatamente para onde seu dinheiro está indo, pode planejar melhor seus gastos e economizar para alcançar suas metas financeiras de longo prazo, como comprar uma casa ou se aposentar mais cedo.

"É possível
prestar contas
de cada milhão
ganho, menos do
primeiro".

Quando você tem um bom controle de suas finanças pessoais, você evita dívidas desnecessárias e gerencia melhor as já existentes.

Ao monitorar suas finanças pessoais, você é capaz de identificar áreas em que está gastando demais e encontrar maneiras de economizar dinheiro.

Quando você está ciente de suas finanças pessoais, toma decisões financeiras mais informadas, como escolher o melhor cartão de crédito ou um determinado investimento.

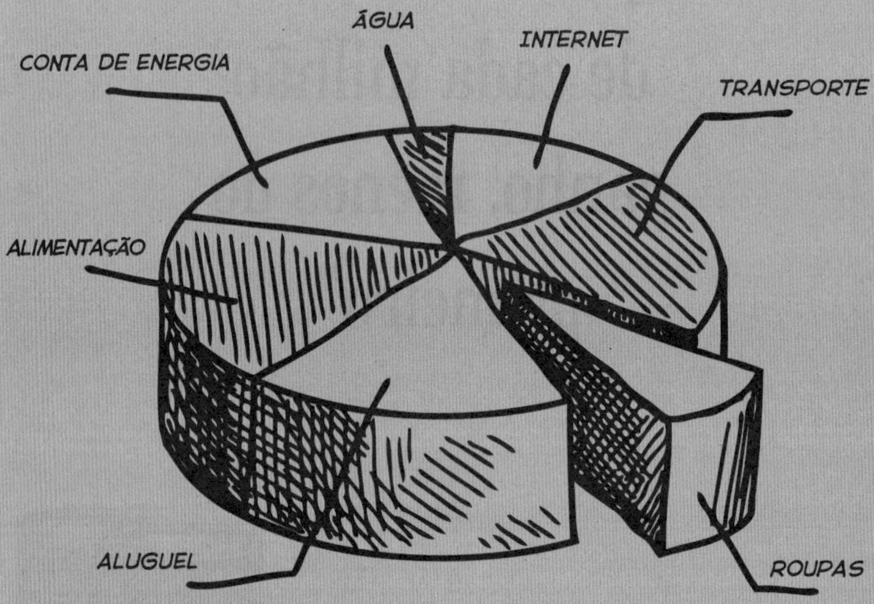

Faça anotações de seus gastos, para entender para onde o seu dinheiro é encaminhado e analise onde poderia economizar.

PASSO A PASSO PARA CONTROLAR AS FINANÇAS PESSOAIS

• *Comece registrando todas as suas despesas em um caderno, planilha ou aplicativo financeiro. Inclua todas as compras que você faz, desde pequenas despesas até as grandes.*

• *Categorize suas despesas em grupos, como alimentação, transporte, moradia, entretenimento, etc. Isso ajudará você a entender onde está gastando mais dinheiro e onde pode economizar.*

• *Crie um orçamento mensal para suas despesas e compare-o com seus gastos reais. Isso ajudará você a identificar áreas onde está gastando mais do que deveria.*

• *Crie uma meta de economia mensal e faça um esforço para cumpri-la. Coloque esse dinheiro em uma conta poupança ou investimento para garantir que ele esteja crescendo ao longo do tempo.*

• *Verifique regularmente suas contas bancárias, cartões de crédito e faturas para garantir que não haja cobranças indevidas ou fraudes.*

• *Use ferramentas financeiras, como aplicativos de rastreamento de despesas, aplicativos bancários ou planilhas financeiras para monitorar suas finanças pessoais de forma mais fácil e eficiente.*

Hábito 20

Seja resiliente

Rockefeller acreditava que a resiliência era uma das características mais importantes para se ter sucesso na vida, tanto nos negócios como em outras áreas. Para ele, ser resiliente significava ser capaz de enfrentar as adversidades e superá-las ao longo do caminho. Ele acreditava que a resiliência era uma habilidade que poderia ser desenvolvida e aprimorada ao longo do tempo, e que era essencial para lidar com as incertezas e desafios da vida.

Rockefeller também enfatizava a importância de se adaptar às mudanças e de se manter flexível diante das circunstâncias do dia a dia. Ele acreditava que a resiliência era fundamental para lidar com as pressões e tensões do mundo empresarial, e que aqueles que eram mais resilientes eram capazes de se recuperar mais rapidamente de fracassos e rejeições, aprendendo com suas experiências e seguindo em frente com mais força e determinação.

E essa teoria teve que ser empregada por Rockefeller em muitas situações ao longo de sua vida. Talvez, uma das mais significativas tenha acontecido em 1911, quando a Suprema Corte dos Estados Unidos decidiu que a Standard Oil de New Jersey deveria ser dissolvida sob a Lei Antitruste Sherman e a Companhia foi dividida em 34 empresas menores. Duas dessas empresas eram a Standard Oil de New Jersey (Jersey Standard ou Esso), que acabou se tornando Exxon, e Standard Oil of New York (Socony), que acabou se tornando Mobil; essas duas empresas posteriormente se fundiram na ExxonMobil. Em particular, a divisão da Standard Oil foi um evento crucial, que marcou um ponto de inflexão na vida profissional e pessoal de Rockefeller.

Standard Oil Cleveland, Ohio.

Rockefeller não ficou inicialmente satisfeito com a determinação do desmembramento da empresa e, na época, o acontecimento parecia uma das piores experiências pelas quais ele havia passado. O impacto foi tão grande que ele escreveu, em suas memórias:

"Naquele momento, parecia-me uma das piores experiências pelas quais eu havia passado, mas, mais tarde, eu percebi que a divisão da Standard Oil acabou sendo uma benção disfarçada".

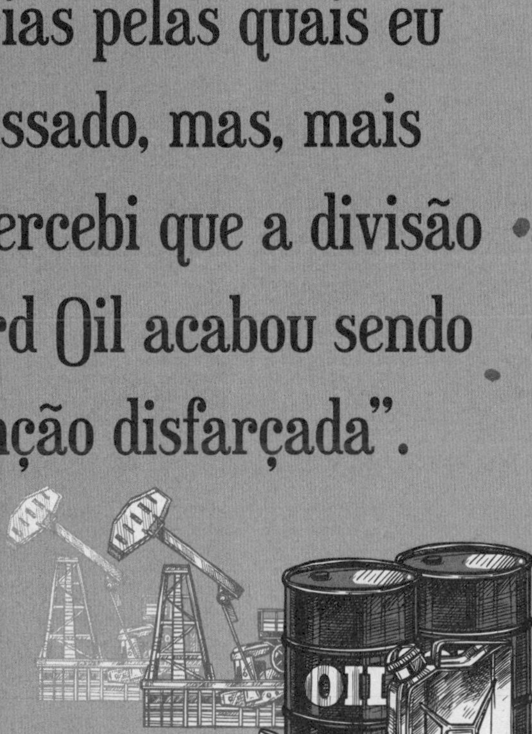

Com o passar do tempo, Rockefeller se deu conta de que as empresas menores seriam capazes de competir de forma mais justa e isso levou a um aumento da eficiência e da inovação no setor. Além disso, a divisão da Standard Oil também permitiu que Rockefeller diversificasse seus investimentos e sua fortuna em outras áreas.

Hábito 21

Delegue tarefas

Entre as muitas ideias de John Rockefeller, a delegação de tarefas se destacou como uma das mais importantes. Ele acreditava que delegar tarefas era uma maneira de aumentar a produtividade, permitindo que as pessoas se concentrassem em suas áreas de especialização e, assim, alcançassem melhores resultados.

Rockefeller entendia que delegar tarefas não significava simplesmente transferir a responsabilidade para outra pessoa, mas, sim, escolher cuidadosamente a pessoa certa para realizar determinada tarefa. Ele também entendia que delegar tarefas exigia um nível de confiança entre o líder e sua equipe, bem como a definição clara de objetivos e expectativas.

Rockefeller acreditava que valia a pena contratar sempre os melhores profissionais e pagar o que eles cobrassem, assim, teria os melhores resultados. E ele fazia questão de que os profissionais mais qualificados cuidassem de pontos específicos das empresas para que ele mesmo buscasse por novas oportunidades.

Outra vantagem que Rockefeller via na delegação de tarefas era a possibilidade de desenvolver as habilidades e conhecimentos de sua equipe. Ao delegar, ele permitia que a equipe assumisse mais responsabilidades e, assim, crescesse profissionalmente. Rockefeller via essa prática como uma forma de investir em sua equipe, aumentando a capacidade da empresa de se adaptar a mudanças e crescer de forma sustentável.

Ao delegar tarefas às pessoas que tinham conhecimentos específicos em determinada área, ele podia contar com seus insights e opiniões. Isso permitia que ele tomasse decisões mais informadas e precisas, aumentando as chances de sucesso da empresa.

"Aquele que trabalha o dia todo não tem tempo para ganhar dinheiro".

John D. Rockefeller caminhando com seu filho.

"Quando o trabalho sair de moda, podemos esperar ver a civilização vacilar e cair".

Outra vantagem que Rockefeller via na delegação de tarefas era a redução do estresse e da sobrecarga de trabalho. Ele entendia que, ao delegar tarefas às pessoas que tinham as habilidades e conhecimentos necessários, ele podia confiar que a tarefa seria concluída com sucesso, permitindo-lhe relaxar e se concentrar em outras áreas da empresa.

Rockefeller também acreditava que a delegação de tarefas era uma forma de aumentar a motivação e o comprometimento de sua equipe. Ao permitir que sua equipe assumisse mais responsabilidades, ele fazia com que os funcionários se sentissem mais valorizados e investidos no sucesso da empresa.

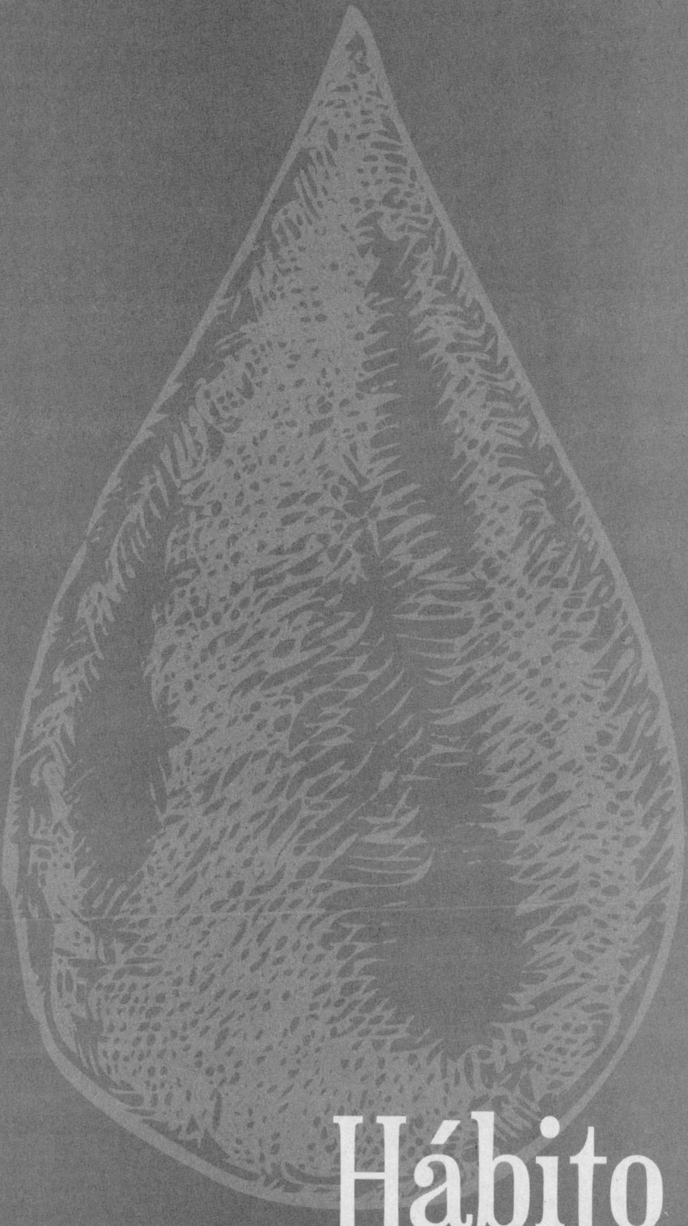

Hábito 22

Busque a perfeição

John Rockefeller entendia que o sucesso de uma empresa dependia da capacidade do empresário em identificar oportunidades, gerenciar recursos e tomar decisões estratégicas.

Para ele, a aptidão do empresário envolvia uma série de habilidades, como a visão de longo prazo, a capacidade de adaptação às mudanças do mercado, a habilidade em liderar equipes e a disciplina para alcançar metas. Ele acreditava que essas habilidades eram mais importantes do que qualquer outro recurso, como dinheiro ou tecnologia, para o crescimento de uma empresa.

"O crescimento de uma grande empresa é simplesmente a sobrevivência da mais apta".

Essa frase de Rockefeller é relevante até os dias atuais, especialmente no contexto das startups e empresas em fase de crescimento. É comum vermos empresas falhando não por falta de recursos financeiros ou tecnológicos, mas por falhas na liderança e na capacidade de tomar decisões estratégicas. Por outro lado, empresas lideradas por empreendedores habilidosos, muitas vezes, conseguem crescer rapidamente, mesmo com recursos limitados.

Para aproveitar os talentos daqueles que trabalhavam para ele e, consequentemente, alcançar a excelência, Rockefeller criou comitês de especialistas em suas empresas para melhorar a eficiência e produtividade de seus negócios. Ele acreditava que a contratação de especialistas em áreas específicas e a delegação de responsabilidades para esses profissionais poderiam melhorar significativamente a tomada de decisões e a eficácia operacional.

Os comitês de especialistas eram compostos por funcionários com habilidades e conhecimentos em áreas como finanças, produção, marketing e distribuição. Esses comitês se reuniam regularmente para discutir e tomar decisões relacionadas às suas áreas de especialização, e os resultados eram, então, apresentados à administração executiva da empresa.

Essa abordagem de comitês de especialistas se tornou um modelo amplamente adotado por outras empresas em todo o mundo e é vista como uma prática recomendada em muitos setores empresariais atualmente.

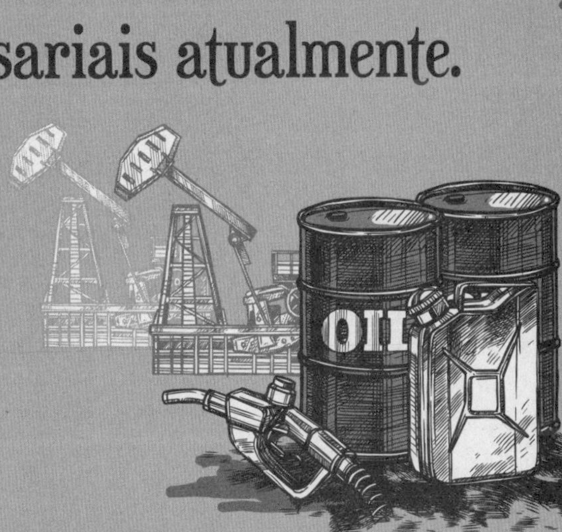

Hábito 23

Estabeleça um sistema de apoio

A ideia de criar um sistema de apoio foi uma das muitas iniciativas que John D. Rockefeller implementou ao longo de sua vida. Acredita-se que a motivação por trás desse projeto tenha sido seu desejo de melhorar a qualidade de vida dos americanos mais pobres e marginalizados, bem como garantir a estabilidade econômica do país.

O sistema de apoio proposto por Rockefeller era bastante ambicioso e envolvia a criação de várias instituições e programas que ajudariam a sociedade de diversas maneiras. Algumas das iniciativas incluíam a criação de universidades, hospitais, bibliotecas, museus e até mesmo igrejas, todas elas com o objetivo de melhorar o bem-estar da população e estimular o desenvolvimento humano.

Uma das principais características do sistema de apoio de Rockefeller era sua abordagem sistêmica, ou seja, ele tentava abordar os problemas sociais de uma maneira ampla, procurando entender as interconexões entre diferentes áreas da vida social e econômica. Por exemplo, ele acreditava que a educação era um fator crucial para o sucesso pessoal e social, mas também reconhecia que a pobreza e a falta de acesso a cuidados de saúde adequados poderiam impedir que muitos indivíduos alcançassem seu potencial total.

"A caridade é prejudicial, a menos que ajude quem a recebe a tornar-se independente dela".

A ideia de Rockefeller sobre a caridade reflete uma filosofia que se concentra na capacitação das pessoas para que elas possam se tornar autossuficientes, em vez de simplesmente fornecer ajuda financeira de forma contínua. O empresário acreditava que a filantropia, quando oferecida sem considerar a independência do receptor, pode criar uma cultura de dependência e perpetuar o ciclo de pobreza. Em vez disso, a caridade deve ser vista como uma ferramenta temporária para ajudar as pessoas a superarem as dificuldades imediatas e se tornarem capazes de se sustentar a longo prazo.

Para atingir esse objetivo, Rockefeller defendia que a caridade deve ser oferecida de maneira que estimule o desenvolvimento de habilidades e a independência financeira. Por exemplo, em vez de simplesmente fornecer alimentos para as pessoas que passam fome, as organizações deveriam oferecer treinamento profissional e oportunidades de emprego para ajudar o indivíduo a se tornar autossuficiente.

No entanto, é importante notar que a filosofia de Rockefeller não desencoraja a caridade em si mesma, mas sim uma caridade que não visa a sustentabilidade do beneficiário. A caridade pode ser uma força poderosa para ajudar a resolver as necessidades imediatas e as dificuldades enfrentadas pelas pessoas em todo o mundo, no entanto, essa ajuda deve ser oferecida de maneira que promova a independência e a capacitação, em vez de criar dependência e perpetuar a pobreza.

"Pense em doar não como um dever, mas como um privilégio".

Rockefeller também era conhecido por sua abordagem empresarial e pragmática para resolver problemas sociais. Ele reconheceu que muitas das instituições que ele criou teriam que ser financeiramente sustentáveis a longo prazo e trabalhou para isso. Ele acreditava que os princípios empresariais poderiam ser aplicados com sucesso a iniciativas sociais e que a combinação de lucro e propósito era uma força poderosa para o bem.

No entanto, a ideia do sistema de apoio liderado por Rockefeller não foi isenta de críticas. Alguns argumentaram que a abordagem paternalista dele era desnecessária e até prejudicial, privando as pessoas de sua autonomia e liberdade. Outros diziam que o poder e a influência que o empresário acumulou através de suas instituições eram perigosos e que ele estava tentando exercer uma forma de controle social por trás da fachada de filantropia.

Apesar dessas críticas, é inegável que o sistema de apoio de Rockefeller teve um impacto significativo na vida americana e em todo o mundo. Muitas das instituições que ele criou ainda existem e continuam a oferecer serviços para milhões de pessoas. Sua abordagem empresarial para a filantropia também influenciou muitos outros líderes a ver a responsabilidade social corporativa como uma parte essencial de seus negócios.

Hábito 24

Tire um tempo para descansar

John D. Rockefeller valorizava a importância do descanso e do tempo livre em sua vida. Ele era conhecido por trabalhar intensamente, mas também fazia questão de reservar tempo para atividades como passeios, viagens e para ficar com a família.

Rockefeller acreditava que um equilíbrio entre trabalho e lazer era essencial para a felicidade e o sucesso. Em sua autobiografia, ele escreveu que "o trabalho excessivo não é produtivo. É prejudicial à mente e ao corpo e, às vezes, diminui em vez de aumentar a capacidade de produção". Rockefeller defendia a ideia de que o trabalho excessivo poderia levar à exaustão e à falta de produtividade, enquanto o descanso e a recreação permitiam que as pessoas relaxassem e recarregassem as energias para um melhor desempenho.

Rockefeller argumentava que, em vez de trabalhar mais horas, as pessoas deveriam ser incentivadas a buscar maior eficiência e produtividade durante o tempo de trabalho disponível. Ele acreditava que os trabalhadores deveriam ter tempo suficiente para se dedicar a atividades fora do trabalho, como a educação, o lazer e o voluntariado, o que poderia melhorar a qualidade de vida e, por consequência, a produtividade.

John D. Rockefeller.

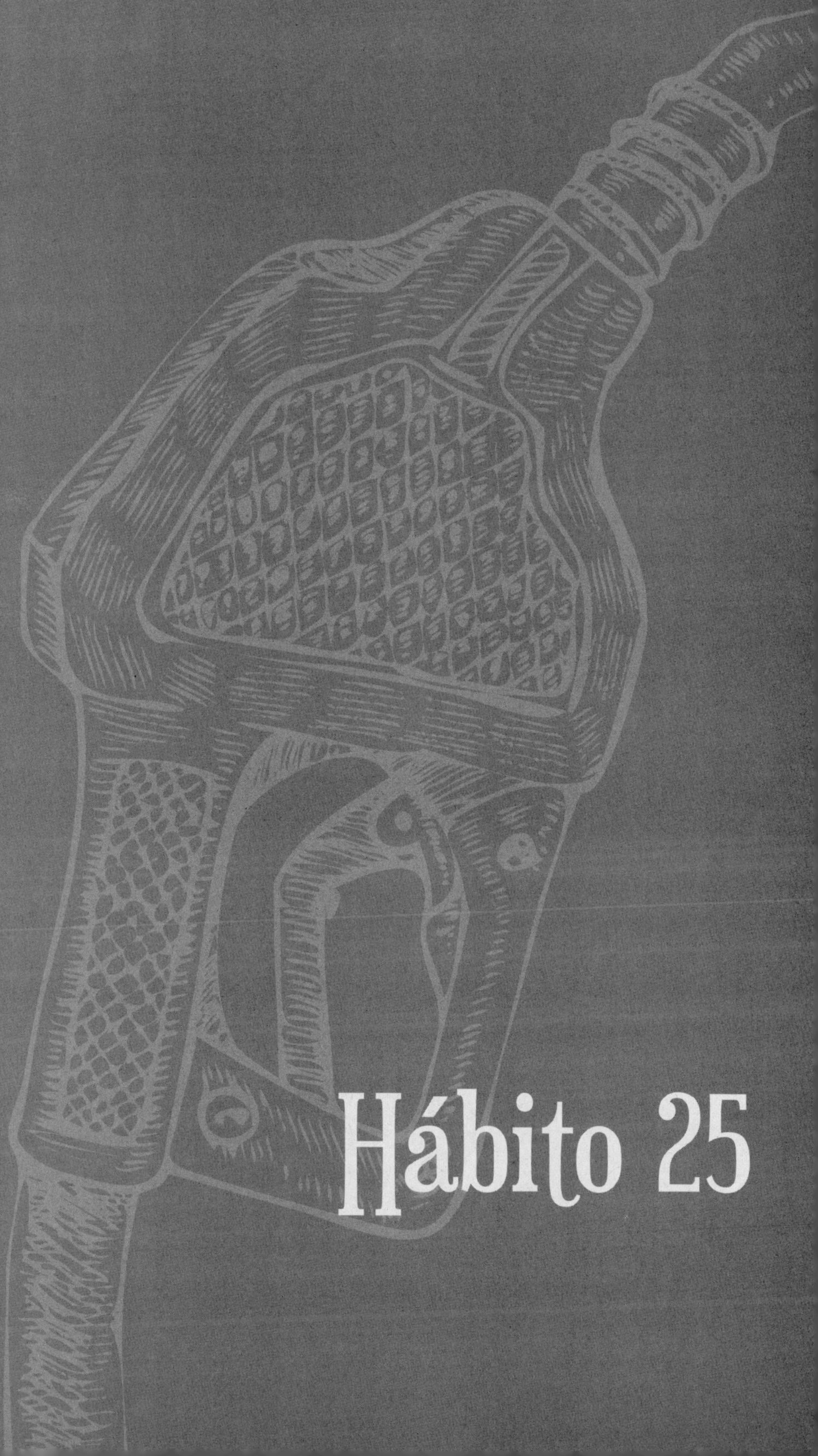

Hábito 25

Uma grande riqueza pode vir através da renda passiva

John Rockefeller acreditava que, para uma pessoa tornar-se rica, ela precisaria ter fontes de renda alternativas e viver a própria vida. E, aos poucos, ele começou a investir em diversas empresas, as quais lhe traziam lucro sem que ele precisasse, necessariamente, atuar nelas diretamente.

A teoria de Rockefeller era baseada em uma abordagem de investimentos de longo prazo, em que os investidores buscam empresas com sólidos fundamentos financeiros e uma história consistente de divisão dos lucros. Ele acreditava que investir em empresas que pagavam dividendos era uma estratégia inteligente porque essas empresas tendiam a ser financeiramente estáveis e bem administradas. Ele também acreditava que essas empresas tinham maior potencial de crescimento a longo prazo pois o lucro poderia ser reinvestido para expandir os negócios.

A estratégia de Rockefeller de investir em empresas que pagavam essa espécie de dividendos era muito diferente da abordagem comum na época, que se concentrava em especulação e ganhos rápidos. Rockefeller via o investimento como uma jornada a longo prazo e acreditava que a paciência era fundamental para o sucesso.

Ele também acreditava que os dividendos eram uma abordagem mais segura do que outras formas de investimento, como a especulação em ações ou a negociação de commodities. Isso porque as empresas que pagavam dividendos eram menos propensas a sofrer grandes flutuações de preço, o que tornava o investimento menos arriscado.

Uma das principais vantagens da estratégia de investimento de Rockefeller é que ela permite que os investidores ganhem dinheiro mesmo quando o mercado está em baixa. Isso porque as empresas que pagam dividendos, geralmente, continuam a fazê-lo mesmo quando seus preços de ações caem e isso proporciona aos investidores uma fonte de renda estável em tempos difíceis.

Só vantagens

Rockefeller também acreditava que a estratégia de investimento em dividendos é particularmente atraente para aqueles que estão se aproximando da aposentadoria pois, o pagamento regular de dividendos oferece uma fonte de renda estável para complementar a aposentadoria.

Outra vantagem da estratégia de investimento de Rockefeller em dividendos é que ela não exige que os investidores gastem muito tempo acompanhando o mercado. Em vez disso, eles podem escolher algumas empresas sólidas que pagam dividendos e mantê-las por um longo período, permitindo que o tempo trabalhe a seu favor.

"Sabe a única coisa
que me dá prazer?
É ver meus lucros
decorrentes dos meus
investimentos".

Além disso, a estratégia de investimento em dividendos de Rockefeller é adequada para investidores com diferentes níveis de habilidade e experiência. Desde os novatos até os investidores profissionais, todos podem se beneficiar da abordagem de longo prazo de Rockefeller.

"Eu creio que o poder de ganhar dinheiro é uma dádiva de Deus".

Rockefeller dizia que a estratégia de investimento em dividendos não era apenas uma forma de ganhar dinheiro, mas também uma forma de contribuir para o bem-estar da sociedade. Ele argumentava que o investimento em empresas bem administradas e financeiramente sólidas ajudaria a impulsionar a economia e a criar empregos.

Hábito 26

Ajude quem precisa

A filantropia de Rockefeller ganhou bastante notoriedade no final do século XIX, quando ele criou a Fundação Rockefeller, em 1901. A Fundação foi criada com o objetivo de "promover o bem-estar da humanidade em todo o mundo" e, inicialmente, concentrou-se em áreas como a saúde pública, educação médica e as ciências naturais.

Desde que começou a juntar um pouco de dinheiro, o jovem empreendedor já destinava 10% daquilo que ganhava à filantropia, já que a caridade era considerada por Rockefeller um dever de gratidão pelo favor recebido de Deus ao conceder-lhe tanto sucesso nos negócios.

Há uma história de que Rockefeller distribuía moedas de dez centavos de dólar, conhecidas como dimes nos Estados Unidos, quando ele fazia viagens de balsa. Conta a história que ele, frequentemente, viajava pelo rio Hudson e, quando a embarcação atracava, Rockefeller era saudado, principalmente, por crianças, a quem ele entregava as moedas. O magnata era uma espécie de celebridade e já ia preparado com as moedas para agradar aqueles que o esperavam. Mesmo alguns adultos faziam questão de receber o agrado. Diz-se que algumas pessoas guardavam essas moedas como um sinal de sorte, para que tivessem tanto sucesso quanto o empresário, mas o objetivo de Rockefeller era criar nas crianças, desde bem pequenas, o hábito da poupança e da valorização de cada centavo. Até o milionário Harvey Firestone, criador da fábrica de pneus Firestone, teria recebido um dime das mãos de Rockefeller.

Há também uma outra história que teria fortalecido a fé de Rockefeller e feito com que ele se tornasse ainda mais agradecido. Conta-se que, certa vez, ele teria se atrasado e perdido o horário de embarque em para tomar um trem para realizar uma viagem de trabalho. Esse trem, durante o percurso, teria descarrilado e caído de uma ponte, provocando a morte de todos os passageiros. Quando soube do acidente, sendo extremamente religioso, Rockefeller interpretou o acontecimento como um sinal divino de que ele havia sido escolhido por Deus para prestar um grande serviço à humanidade.

"Ganhe tudo o que puder, economize tudo o que puder e doe tudo o que puder".

Essa frase de Rockefeller é uma lembrança poderosa da importância de equilibrar a busca da riqueza com a responsabilidade social e a ética pessoal. Ela se tornou um mantra para muitas pessoas que almejam uma vida financeiramente equilibrada e também ajudar os mais necessitados.

Em 1884, Rockefeller financiou, em Atlanta, a Universidade Spelman para mulheres negras. Também doou consideravel-

"Eu acredito que cada direito implica em uma responsabilidade, cada oportunidade, em uma obrigação; e cada posse, um tributo".

mente à Universidade Denison, entre outras faculdades batistas. O empresário doou US$ 80 milhões à Universidade de Chicago, transformando a pequena faculdade batista numa instituição de renome mundial em 1900. Ele também apoiou instituições como Yale, Harvard e Columbia. Em 1901, o empresário fundou o Instituto de Pesquisa Medicinal Rockefeller, em Nova York, que teve o nome alterado para Universidade Rockefeller em 1965, após expandir sua missão e incluir uma graduação. Em 1909, fundou a Comissão Sanitária Rockefeller, erradicando a ancilostomíase, doença que atingia áreas rurais da América do Sul.

Em 1913, criou a Fundação Rockefeller, para expandir o trabalho da Comissão Sanitária e para a qual doou, aproximadamente, US$ 250 milhões, com foco na saúde pública, treinamento médico e artes.

"Dar deve ser feito da mesma forma que investir. Doar é investir".

Uma das principais áreas de atuação da Fundação Rockefeller tem sido a pesquisa médica, com ênfase na identificação e tratamento de doenças infecciosas. A fundação tem financiado projetos de pesquisa em todo o mundo, com o objetivo de encontrar tratamentos e cura para doenças como a malária, a tuberculose, a febre amarela, o HIV/AIDS e a poliomielite.

No início do século XX, a Fundação financiou pesquisas que levaram ao desenvolvimento de vacinas contra a febre amarela, a poliomielite e outras doenças infecciosas.

Laboratório da Fundação Rockefeller em Salvador, Bahia, 1928/1930.

Na década de 1950, a Fundação apoiou pesquisas que levaram à descoberta da estrutura do DNA, o que teve um impacto significativo no desenvolvimento de tratamentos para doenças genéticas e outras enfermidades.

Na década de 1980, a Fundação Rockefeller foi uma das principais organizações a financiar pesquisas sobre o HIV/AIDS, ajudando a identificar o vírus e a desenvolver novos tratamentos para a doença.

Mais recentemente, a Fundação tem apoiado pesquisas para o desenvolvimento de vacinas e tratamentos para a COVID-19, bem como para outras doenças emergentes. A Fundação Rockefeller tem sido uma importante força na pesquisa médica e na cura de doenças ao longo de sua história, financiando projetos inovadores e apoiando pesquisadores em todo o mundo.

Embora as ações filantrópicas de Rockefeller sejam louváveis, também houve críticas à sua abordagem de caridade. Algumas pessoas argumentaram que Rockefeller usou sua riqueza para exercer influência sobre as organizações que ele apoiava, e que sua filantropia não era desinteressada.

Não se pode negar que a filantropia de Rockefeller teve um impacto significativo em muitas áreas, e suas doações continuam a beneficiar pessoas em todo o mundo. A Fundação Rockefeller ainda existe hoje em dia e continua a trabalhar em questões globais de saúde, desenvolvimento econômico e meio ambiente.

Hábito 27

Busque o equilíbrio

Desfrutar da riqueza era um dos objetivos de Rockefeller. Ele não via sentido em apenas acumular dinheiro, em vez disso, acreditava que a riqueza deveria ser usada para aproveitar as coisas boas da vida. Usufruir com responsabilidade e respeito, sem nunca desperdiçar.

Rockefeller entendia que a riqueza é uma ferramenta poderosa e que pode ser usada para ajudar a melhorar a vida das pessoas, mas também pode ser usada de maneira egoísta e prejudicial. Ele acreditava que a verdadeira medida da riqueza não era o quanto se possui, mas sim o que se faz com ela.

"A única questão com a riqueza é: o que você faz com ela?"

A frase de Rockefeller também sugere que a felicidade não pode ser alcançada apenas por meio da aquisição de bens materiais. Embora a riqueza possa trazer conforto e segurança financeira, ela não é suficiente para garantir a felicidade de um ser humano. Rockefeller dizia que a felicidade é um estado de espírito que é influenciado por vários fatores, incluindo relacionamentos pessoais, saúde, propósito de vida e conexão com a comunidade.

"A riqueza deve tornar uma pessoa contente e feliz, caso contrário, não há sentido nisso".

Em outras palavras, ele acreditava que o dinheiro não é tudo e que a felicidade não pode ser comprada com riqueza material. Essa ideia pode ser vista como uma crítica ao materialismo excessivo e à busca incessante por mais dinheiro e bens materiais. Em vez disso, Rockefeller parecia acreditar que a verdadeira riqueza reside na capacidade de desfrutar das coisas simples da vida e encontrar significado em relacionamentos significativos e realizações pessoais.

Hábito 28

Sonhos são um dos motivos da vida

Rockefeller dizia que uma pessoa morre quando deixa de sonhar e ele tinha a convicção de que sonhar é necessário para que alguém alcance o sucesso e a riqueza. Rockefeller defendia a ideia de que, a partir de sonhos e determinações, os seres humanos traçam metas e, consequentemente, conquistam seus objetivos. Ele dizia que uma pessoa sem sonhos é alguém sem ambição, que não sabe para onde ir e, para quem não sabe aonde quer chegar, qualquer direção é válida. Para Rockefeller, os sonhos funcionavam como uma espécie de rota, um mapa a seguir, o qual deveria ser dividido em metas a serem alcançadas, etapa a etapa.

Segundo Rockefeller, o primeiro passo para alcançar a riqueza é estabelecer objetivos específicos e mensuráveis. Esses objetivos devem ser claros, concisos e orientados para resultados tangíveis. Além disso, ele defendia que esses objetivos deveriam ser desafiadores o suficiente para motivar e inspirar as pessoas a trabalhar duro e alcançá-los.

Ter objetivos/sonhos na vida é extremamente importante, pois eles nos dão um senso de direção e propósito. Quando temos metas claras e bem definidas, somos capazes de traçar um plano de ação para alcançá-las e isso nos ajuda a tomar decisões mais conscientes e alinhadas com nossas aspirações. Além disso, ter objetivos nos ajuda a medir nosso progresso e a celebrar nossas conquistas. Quando atingimos um objetivo, sentimos uma sensação de realização e isso nos motiva a continuar avançando e nos desafiando.

Ter objetivos também pode nos ajudar a lidar com as adversidades. Quando enfrentamos dificuldades ou momentos de incerteza, nossos objetivos nos dão algo pelo qual lutar e nos ajudam a manter a motivação e a perseverança diante dos desafios. Eles dão um significado mais profundo à nossa existência e nos permitem desenvolver um senso de identidade e propósito pessoal.

"A pessoa que começa com a ideia de ficar rica não terá sucesso. Você deve ter uma ambição maior".

Desde muito cedo, Rockefeller tinha uma meta, ele sonhava em ganhar U$S 100 mil e ganhou U$S 1,4 bilhões, algo muito além de sua imaginação.

"Creio no valor supremo do indivíduo e em seu direito à vida, à liberdade e à busca da felicidade".

Principais lições de Rockefeller sobre a riqueza

Existem várias maneiras de se tornar rico, mas não há uma fórmula mágica para alcançar a riqueza. No entanto, algumas coisas que aprendemos com John D. Rockefeller para aumentar suas chances de se tornar rico são:

- *Educação e desenvolvimento de habilidades:* Investir em sua educação e desenvolvimento de habilidades são caminhos para ganhar mais dinheiro e progredir em sua carreira. Invista em si mesmo, seja em sua saúde física, bem-estar emocional ou educação financeira. Quanto mais você se conhece e mais saudável você é, melhor será sua capacidade de tomar decisões financeiras sábias.

- *Investimento em ativos de longo prazo:* Invista em ativos que possam aumentar de valor ao longo do tempo, como imóveis, ações ou negócios. A chave é investir em ativos que ofereçam retornos sólidos.

- *Empreendedorismo:* Iniciar um negócio próprio é uma maneira de ganhar muito dinheiro, mas é importante estar disposto a assumir riscos e trabalhar duro para fazer o negócio crescer.

- *Economia e investimento consistente:* Economizar dinheiro e investir consistentemente ao longo do tempo ajuda a construir riqueza gradualmente.

- *Visão de longo prazo:* Rockefeller acreditava na importância de pensar e investir em projetos que trariam benefícios a longo prazo. Ele também acreditava na importância de reinvestir uma parte do lucro em seu negócio para ajudá-lo a crescer ainda mais.

- *Foco na eficiência: Rockefeller era obcecado pela eficiência e encontrava maneiras de tornar seus negócios mais rentáveis. Ele sempre buscava maneiras de melhorar seus processos e reduzir custos, o que o ajudou a se tornar extremamente bem-sucedido.*

- *Filantropia: Rockefeller era um filantropo e acreditava na importância de devolver à sociedade parte de sua riqueza. Ele doou uma grande parte de sua fortuna para causas sociais, incluindo a educação, a ciência e a medicina.*

- *Liderança visionária: Rockefeller era conhecido por sua liderança visionária e habilidade para identificar oportunidades de negócios. Ele tinha uma visão clara do que queria realizar e inspirava seus funcionários a segui-lo.*

- *Pensamento estratégico: Rockefeller era um estrategista brilhante e sempre buscava maneiras de superar seus concorrentes. Ele analisava minuciosamente o mercado e as tendências do setor para identificar oportunidades de crescimento e expansão.*

- *Resiliência: Rockefeller enfrentou muitos desafios em sua vida, incluindo a concorrência feroz de outras empresas e a desaprovação pública por sua riqueza e poder. No entanto, ele persistiu e continuou a trabalhar duro para alcançar seus objetivos.*

É importante lembrar que a riqueza não vem da noite para o dia e que o sucesso financeiro, geralmente, é resultado de trabalho árduo, disciplina e paciência diários.

Conclusão

John D. Rockefeller nasceu em 8 de julho de 1839 em Richford, Nova York, e morreu em 23 de maio de 1937 em Ormond Beach, na Flórida, meses antes de completar 98 anos de idade. Ele é um dos empresários mais bem-sucedidos e ricos da história e é considerado um dos maiores titãs da indústria americana. Mas, Rockefeller não se tornou apenas incrivelmente rico, ele também deixou um legado duradouro que serve como inspiração para aqueles que buscam alcançar riqueza e sucesso atualmente.

Rockefeller foi um líder empreendedor que utilizou estratégias inovadoras e agressivas para expandir seus negócios, como aquisições de empresas concorrentes, negociações de preços com fornecedores e a criação de um sistema verticalmente integrado para controlar todas as etapas da produção e distribuição de petróleo. Ele não construiu sua fortuna da noite para o dia, mas por meio de anos de trabalho duro, perseverança, disciplina, inovação e uma boa dose de ousadia, por tudo isso, conhecer a história de John D. Rockefeller significa aprender sobre a história da indústria americana, sobre a evolução dos negócios modernos e a respeito dos desafios da filantropia não assistencialista.

Uma das principais lições que se pode absorver com a trajetória de Rockefeller é a importância da disciplina e do planejamento. O empresário era conhecido por sua organização implacável e rotinas rigorosas, que lhe permitiam manter o foco em seus objetivos. Ele também foi um grande defensor do planejamento cuidadoso, que incluía a análise minuciosa de dados e a identificação de oportunidades de negócios. Outra lição importante que podemos aprender conhecendo a história de Rockefeller é sobre a importância de ser um líder visionário. Ele era conhecido por ter uma visão clara e ambiciosa de sua empresa e do ramo em que atuava, sendo assim, não apenas liderou seu império de forma eficiente, mas também ajudou a moldar o futuro de todo o setor de petróleo e gás norte-americano.

Outra característica de Rockefeller digna de nota é seu exemplo de como a filantropia pode ser usada para fazer uma algo significativo na vida das pessoas e no mundo. Depois de se aposentar, o empresário destinou grande parte de sua fortuna para ajudar a combater doenças como a malária e a febre amarela, além de apoiar a educação e a pesquisa médica no mundo.

Por tudo isso, John D. Rockefeller é um modelo para os aspirantes a empresários em termos de disciplina, planejamento, liderança visionária e filantropia. Sua história é uma inspiração para aqueles que buscam construir um futuro de sucesso e realização no mundo dos negócios.

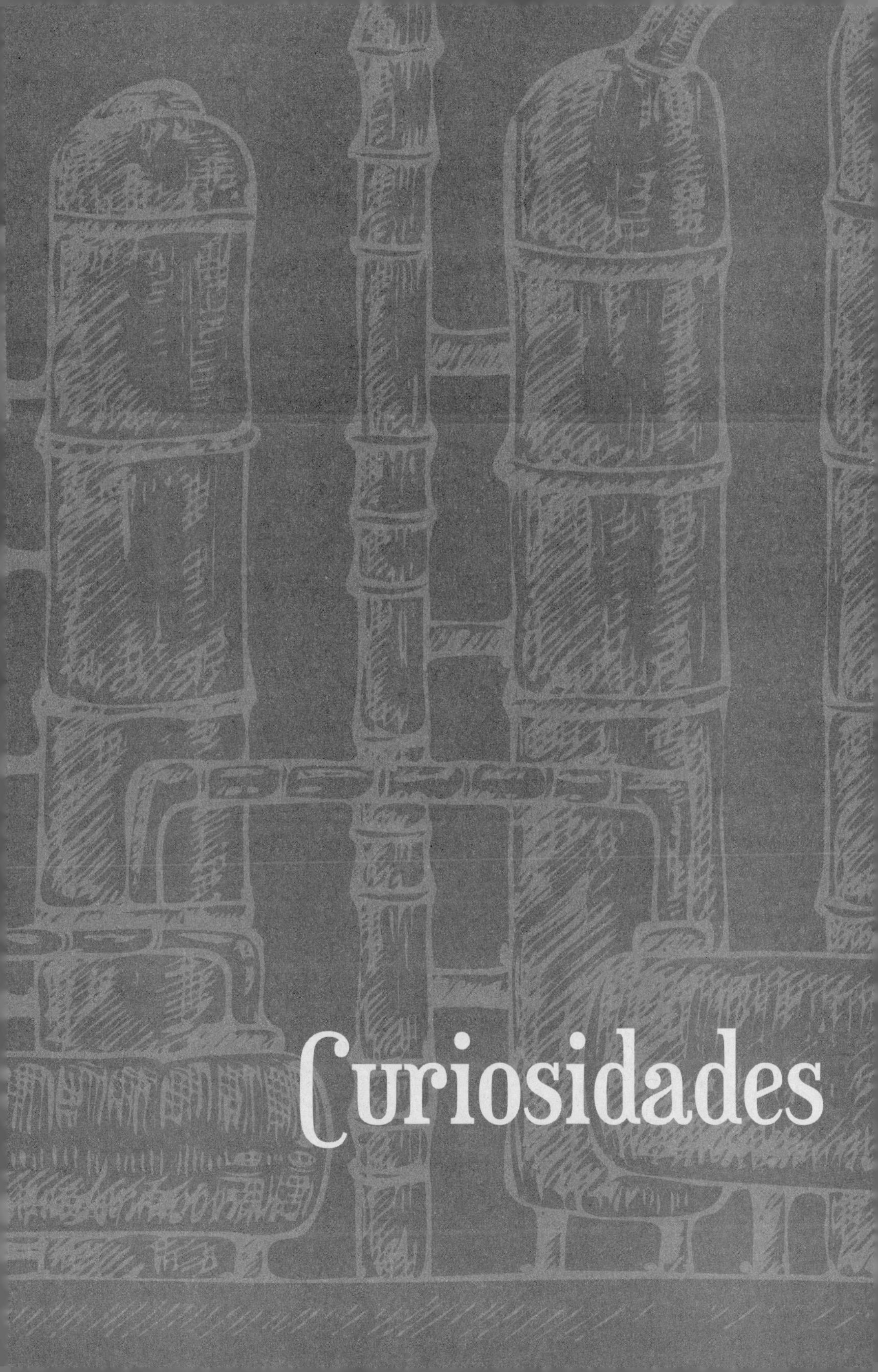

Curiosidades

Vida pessoal

• **Casamento:** Rockefeller se casou com Laura Spelman em 1864, com quem teve cinco filhos, Elizabeth (Bessie), Alice, Alta, Edith e John Jr. O casal teve uma união feliz e duradoura até a morte de Laura, em 1915.

Laura Spelman Rockefeller.

Casaram-se em 8 de setembro de 1864
John D. Rockefeller, Sr.
1839 - 1937
Laura Spelman Rockefeller
1839 - 1915
Bessie Rockefeller
1866 - 1906
Alice Rockefeller
1869 - 1870
Alta Rockefeller
1871 - 1962
Edith Rockefeller
1872 - 1932
John D. Rockefeller, Jr.
1874 - 1960
Casaram-se em 9 de outubro de 1901
Abby Aldrich Rockefeller
1874 - 1948
Casaram-se em 15 de agosto de 1951
Martha Baird Rockefeller
1895 - 1971
Abby Rockefeller
1903 - 1976
John D. Rockefeller, 3rd
1906 - 1978
Nelson Aldrich Rockefeller
1908 - 1979
Laurance Spelman Rockefeller
1910 - 2004
Winthrop Rockefeller
1912 - 1973
David Rockefeller
1915 - 2017

• **Família:** Rockefeller era um pai amoroso e dedicado. Ele foi um grande defensor da educação e garantiu que seus filhos recebessem uma educação de qualidade.

Família Rockefeller, com John D. sentado, à frente.

• **Escândalos:** Embora Rockefeller fosse um homem de negócios bem-sucedido e filantropo generoso, sua vida pessoal também foi marcada por escândalos. Ele foi acusado de práticas comerciais ilegais, de monopólio e, muitas vezes, foi criticado por sua enorme riqueza e poder.

• **Fé:** Rockefeller era um cristão devoto e creditava sua riqueza ao seu relacionamento com Deus. Ele frequentava regularmente a Igreja Batista e acreditava que a riqueza deveria ser usada para ajudar outras pessoas.

Frente (oeste) da casa de John D. Rockefeller.

Sala de música da casa de John D. Rockefeller.